PEDAGOGIA DA TRANSGRESSÃO

Dados Internacionais de Catalogação na Publicação (CIP)
(Câmara Brasileira do Livro, SP, Brasil)

Espírito Santo, Ruy Cezar do
Pedagogia da transgressão : um caminho para o autoconhecimento / Ruy Cezar do Espírito Santo. – Ed. Revista. – São Paulo : Ágora, 2011.

Bibliografia.
ISBN 978-85-7183-891-8

1. Educação – Filosofia I. Título.

10-10885   CDD-370.1

Índice para catálogo sistemático:

1. Pedagogia da transgressão : Educação : Filosofia   370.1

Compre em lugar de fotocopiar.
Cada real que você dá por um livro recompensa seus autores
e os convida a produzir mais sobre o tema;
incentiva seus editores a encomendar, traduzir e publicar
outras obras sobre o assunto;
e paga aos livreiros por estocar e levar até você livros
para a sua informação e o seu entretenimento.
Cada real que você dá pela fotocópia não autorizada de um livro
financia um crime
e ajuda a matar a produção intelectual em todo o mundo.

PEDAGOGIA DA TRANSGRESSÃO

Um caminho para o autoconhecimento

RUY CEZAR DO ESPÍRITO SANTO

EDITORA ÁGORA

PEDAGOGIA DA TRANSGRESSÃO
Um caminho para o autoconhecimento
Copyright © 1996, 2011 by Ruy Cezar do Espírito Santo
Direitos desta edição reservados por Summus Editorial

Editora executiva: **Soraia Bini Cury**
Editora assistente: **Salete Del Guerra**
Assistente editorial: **Carla Lento Faria**
Projeto gráfico e diagramação: **Acqua Estúdio Gráfico**
Capa: **BuonoDisegno**
Imagem de capa: **Yuri Arcurs/Shutterstock**
Impressão: **Sumago Gráfica Editorial**

Editora Ágora
Departamento editorial
Rua Itapicuru, 613 — 7º andar
05006-000 — São Paulo — SP
Fone: (11) 3872-3322
Fax: (11) 3872-7476
http://www.editoraagora.com.br
e-mail: agora@editoraagora.com.br

Atendimento ao consumidor
Summus Editorial
Fone: (11) 3865-9890

Vendas por atacado
Fone: (11) 3873-8638
Fax: (11) 3873-7085
e-mail: vendas@summus.com.br

Impresso no Brasil

SUMÁRIO

Pedagogia da transgressão (passados quinze anos...) 7

Prefácio à 1ª edição 21

Introdução 23

1. A TRANSGRESSÃO DO ESPAÇO 27
2. A TRANSGRESSÃO DA BARREIRA EMOCIONAL 43
3. A TRANSGRESSÃO DA COMUNICAÇÃO 49
4. A TRANSGRESSÃO DO CORPO FÍSICO 55
5. A TRANSGRESSÃO DA ORDEM INSTITUCIONAL 59
   Transgressão de conteúdos padronizados 60
   Transgressão à didática tecnicista 65
   Transgressão de uma prática não comprometida 68
6. A TRANSGRESSÃO DE UM UNIVERSO ESTÁTICO 75
7. A TRANSGRESSÃO DE UM SABER DISCIPLINAR 81
8. A TRANSGRESSÃO DA AVALIAÇÃO FORMAL 85
9. A TRANSGRESSÃO DO CORPO ESPIRITUAL 91

Conclusão 99

Bibliografia 107

Apêndice 1: A questão das transformações 109

Apêndice 2: O trabalho e eu 117

Apêndice 3 120

PEDAGOGIA DA TRANSGRESSÃO
(PASSADOS QUINZE ANOS...)

Vou tentar desvelar aqui, inicialmente, por meio de alguns depoimentos de alunos ocorridos durante os últimos quinze anos, as "transgressões" que sinto estarem, pelo menos, no caminho... Uma das transgressões que julgo fundamental para uma *nova educação* é a inclusão das artes no contexto curricular das várias disciplinas, seja nos cursos elementares, seja nos universitários. Sempre busquei, como parte de meu currículo de "transgressor", trazer para a sala de aula poesias e desenhos de meus alunos, para que eles deixassem suas emoções fluírem, emoções essas sempre prisioneiras das tradicionais "provas e notas" da "escola bancária", como denunciado por Paulo Freire... Transcrevo, em seguida, uma poesia escrita por uma aluna do curso sobre interdisciplinaridade que ministrei na Pontifícia Universidade Católica de São Paulo (PUC/SP), na Faculdade de Educação.

Quem é?
O que é?
Pode existir alguém quebrado?
Separado por partes?
Talvez já tenha existido,
Ou ainda permaneça,
Um resquício de partes.

> *Mas uma força entre as partes*
> *As atrai,*
> *Formando um todo novamente.*
> *Afinal, não existem pedaços*
> *De alegria,*
> *De tristeza,*
> *De amor,*
> *De paixão,*
> *De esperança.*
> *Agora existe um todo de sentimentos vividos intensamente que posso denominar Adriana!*

Durante reflexão sobre a interdisciplinaridade, a sensibilidade da aluna percebeu, "interiormente", a ligação de suas "partes emocionais", dando origem a essa poesia. A percepção foi concluída com a seguinte expressão: "Sinto-me como se estivesse *nascendo de novo*" (A.M.G. – pedagogia – PUC/SP – 2002).

Outra poesia, também oriunda do curso de pedagogia, foi desenvolvida na disciplina de didática:

> *Sou mulher-lua,*
> *Meu brilho vem do sol.*
> *Aceitar minhas fases é meu desafio,*
> *Compreender e assumir meu lugar.*
> *Entre o astro rei e as estrelas e luas: a Criação.*
> *Brilhar intensamente*
> *Para marcar alegria, revelar...*
> *Eis minha vocação!*

A seguir, transcrevo um trecho do trabalho da aluna que criou a poesia anterior:

> Tudo que foi feito neste semestre me ensinou quanto é importante estar constantemente aberta ao novo, ao diferente. Quanto é gratificante

acompanhar as transformações das pessoas e as minhas. E quanto é fundamental manter uma contínua disponibilidade para mudar o que não está bom, rever-me e buscar novos caminhos. Isso é viver, é participar da dinâmica de morte e ressurreição, apropriar-se e desapropriar-se. Seus comentários irritaram-me, surpreenderam-me e me fizeram chorar. Por isso foram muito válidos! Se hoje reconheço a importância do olhar, isso se deve a eles. Inclusive, consegui também olhar, como você tanto falou, o *meu sol*, vencer o *medo* e mostrar o que sinto e penso em relação a *ele*.
(C.M.S. – pedagogia – PUC/SP – 1999)

A terceira poesia é de uma aluna da mesma turma que a autora dos textos precedentes:

Quem sou eu?

Sou espaço! Sou amplitude! Sou realizadora!
Que alegria!
Sou capaz de ouvir a melodia de minha própria vida,
Que flui, que nutre e é nutrida pelo Universo.
Sou o ouvir que busca o choro da criança;
O suspiro do amado;
As palavras do amigo,
Dos que lutam para se expressarem.
Sou olhar que se regozija com o movimento da Terra,
Deixando para trás o Sol;
O grande "rei" do sistema é deixado pela vontade da Terra de mover-se!
Sou lágrimas de uma essência
Que às vezes flui para fora dos limites impostos pela forma...
Sou compaixão pelos momentos não vividos.
Sou paixão pelas possibilidades de viver plenamente meus sentidos.
(R.A.A. – pedagogia – PUC/SP – 1999)

Considerando a "transgressão" por outro ângulo, vejamos como uma aluna sentiu uma "transformação" em sua vida e a forma como a expressou:

> Acho que o trabalho do semestre como um todo esteve constantemente me perguntando: você está vivendo plenamente? Você tem encontrado a cada momento razões para viver apaixonadamente? Você pode, como Fernando Pessoa diz em um de seus poemas, ouvir o passar do vento e, só de ouvir o vento passar, acreditar que valeu a pena ter nascido? O seu poema "Estar plenamente vivo" me fez pensar no que significa, para mim, estar realmente vivo, e questionar se, em muitas ocasiões, eu não estaria deixando a vida passar por mim...

Num outro trecho da reflexão, essa aluna acrescenta: "É nesse ponto que vejo a grande ligação entre a didática e o autoconhecimento" [...] (P.P.Z. – pedagogia – PUC/SP – 1999).

Apresento agora um depoimento que deixa claras as "transgressões" vividas e seus "resultados" na formação do aluno. A disciplina que deu origem a tal depoimento foi ministrada também em 1999 e denominava-se "processos educacionais diferenciados":

> Quando entrei na PUC e deparei com a matéria "processos...", tinha claro que seria uma disciplina, como as outras, cheia de textos, questões, pesquisas, provas etc. Foi difícil "aceitar" uma aula em que toda resposta era certa e tinha seu valor. Foi difícil aceitar que uma das únicas aulas em que o professor não fazia chamada era justamente a aula com menor índice de faltas. O que me incomodava, o que achava "ruim", foi justamente o que eu precisava para enxergar o meu interior. Descobri até que eu era uma Barbie! [...] Passei a amar meu curso porque nele houve uma mágica: consegui expressar e achar coisas (sentimentos) interiores nunca antes assumidas. Foi no questionamento, na "intriga", no não entender, no incômodo de não saber – aonde você, Ruy, queria chegar – que eu encontrei a resposta: você nos fez parar, respirar e refletir sobre a vida; você nos valorizou, acolheu e conseguiu fazer que olhássemos nossos próprios olhos, nossa própria alma. (R.S. – pedagogia – PUC/SP – 1999)

Derivado dessa mesma disciplina, mais um depoimento, abordando a transformação ou transgressão do "tempo":

Assim como acontece com todas as criaturas afundadas em sua rotina, o tempo ainda é um dos elementos dominantes em tudo que faço. Admiro a Rê [uma colega] por ter conseguido abster-se do uso dos ponteiros, que giram incansavelmente, noite e dia, nos tornando escravos de seu funcionamento. Talvez por isso não seja capaz de manter a disciplina ao longo da vida; encontro-me numa constante corrida contra os minutos, que escapam-me dos dedos [...]. Acorde, olhe para o céu, fale alto para que todos o ouçam, grite se for preciso, sorria para o homem enfezado, mesmo que não seja correspondido; escolha um dia para não se importar com os comentários alheios, aproveite para dar um abraço nas pessoas de que você gosta – e as quais nunca teve coragem de abraçar –, elogie alguém sem esperar que o elogio seja recíproco, cumprimente o motorista vizinho quando o trânsito for intenso, tome sorvete enquanto todos reclamam do frio, vista aquela blusa fora de moda e, se alguém criticar, diga que o chique é ser autêntico, démodé, cante no corredor e surpreenda-se com a beleza de seu próprio eco, estacione o carro a cinco quadras de seu destino e contemple o caminho, mude o caminho e olhe o entorno, mantenha a calma enquanto todos arrancam os cabelos, leia a coluna de fofocas sem a culpa por um ato frívolo, tome suco ao cair da tarde, ligue para um amigo distante, não importando o motivo: apenas ligue e diga que se lembrou dele, coma um doce, dois se quiser, e deixe para o dia seguinte os efeitos calóricos, desprenda-se das horas, oriente-se pela luz nas janelas, roube um beijo sem pedir desculpas, ouça aquele vinil velho e riscado, resgate as memórias, emocione-se, volte ao presente, olhe para o céu novamente, observe as cores, as nuvens, suas formas e movimentos, ouça mais e fale menos, sente do lado esquerdo ao invés do usual direito, saboreie um hot dog em vez de arroz com feijão, por um breve momento aposente o celular, esqueça os compromissos, mentalize um desejo, olhe para o céu mais uma vez – extasiante, não é mesmo?! Pronto, mais um dia diferente de todos os outros. (F.I. – pedagogia – PUC/SP – 2002)

Voltando à disciplina de didática, apresento o seguinte depoimento:

O que mais pude desenvolver ao longo de nossas aulas foi a minha sensibilidade, que estava perdida, ou talvez não fizesse parte, para mim, da didáti-

ca. A didática vai muito além de modelos prontos e receitas [...]. No meu estágio pude ter contato com a realidade e ver como tudo isso está perdido. Os professores tratam os alunos como se todos fossem iguais, com os mesmos sentimentos e expectativas. Já vêm com uma receita pronta (BA, BE, BI, BO, BU) e a passam para a lousa, para que o aluno a copie e eles corrijam [...]. Deve fazer parte da didática do professor a compreensão de que o aluno não é apenas um corpo com um cérebro, e sim um ser que possui também um espírito, que é individual. Quando o professor possui essa compreensão de que cada ser é único e aprende a respeitar essa individualidade, sua relação com o aluno fica mais próxima e o ensino e a aprendizagem mais prazerosos. (R.E.C. – pedagogia – PUC/SP – 2001)

Como vimos até aqui, os alunos "acordam" para uma dimensão existencial até então ignorada e que, como dizia Sócrates, é o princípio de toda a sabedoria, ou seja, o "conhece-te a ti mesmo". De fato, enquanto o processo de ensino-aprendizagem não considerar o autoconhecimento como ponto fundamental para o "educar" do aluno, permaneceremos na já referida "escola bancária", de acordo com Paulo Freire. Vale salientar que Freire chamava de conscientização, antes da alfabetização, o desenvolvimento dessa consciência de si mesmo e daquilo que ele denominava "mundo-vida". Lamentavelmente, as escolas permanecem ainda distantes de tal vivência em suas propostas, salvo algumas exceções, como a *pedagogia Waldorf*. Na verdade, são raras as práticas condizentes com a pedagogia preconizada por Freire e, hoje, por Rubem Alves. Aliás, este último autor lançou recentemente um livro denominado *A escola com que sempre sonhei sem imaginar que pudesse existir* (Papirus, 2001), o qual se refere à *Escola da Ponte*, em Portugal, que caminha no sentido de uma educação conscientizadora. No entanto, é claro que existem outras iniciativas, com base no construtivismo, por exemplo, que também buscam dar um passo adiante em relação às escolas tradicionais.

Procuro, perante meus alunos, enfatizar a importância da grande retomada do autoconhecimento feita por Jung, caracterizando o que ele denominava de processo de individuação. Segundo o célebre psiquiatra, tal processo se resolvia pela integração do ego com o self. O pensamento de Jung deixa claro que a educação ainda vigente, em sua maior parte, permanece vinculada ao "ego", algo que se torna evidente se considerarmos o incentivo às competições pelas melhores notas e a "separação" feita entre maus e bons alunos, num processo precário de julgamento. Aquilo que ele chamava de integração do self implica uma volta profunda ao sentido da existência e à singularidade de cada criança. Tenho para mim que a melhor metáfora para entender o "mistério" do self é o *amor*. Não há nessa minha observação nenhum sentido "religioso"; o trabalho de Jung associa o self, de forma patente, a uma transcendência do ser humano, independentemente de qualquer crença religiosa. Para identificar tal transcendência é que utilizo o termo "amor". Por quê? Como já deixei claro em outras obras que escrevi – como, por exemplo, *Autoconhecimento na formação do educador* (Ágora, 2007) –, a humanidade, após a explosão das bombas atômicas em 1945, vê o início de um processo de transformação, que Teilhard de Chardin, antes de Freire, chamou de "consciencialização". Afirmou Chardin (1995, p. 300), em sua obra *O fenômeno humano*, que o ser humano, "após percorrer longamente o caminho da análise, chegava à luminosa síntese". Essa profunda transformação existencial coincide com o já mencionado trabalho de Jung e, na sequência, com a busca de Paulo Freire na área da educação. Voltando à questão do "amor", podemos observar que após o ano de 1945 é que surgem pela primeira vez em nossa história as organizações não governamentais, como os Médicos Sem Fronteiras ou a Anistia Internacional, dentre outras. Ora, é exatamente essa "nova consciência", que implica a integração do self, a responsável por dar origem a tais ONGs... É também nesse mesmo momento que o ser humano "desperta" sua consciência ecológica, atentando para a necessidade de "cuidar do planeta". Assim, podemos dizer que o "self" tem a conotação de "acordar" o ser humano para uma ação compassiva, implicando o cuidado com o outro e com o planeta. Esse sentido, por sinal também utilizado pelas tradições, indica a transcendência do ser humano. No cristianismo, por exemplo, encontramos o conhecido conceito de que Deus é amor e o ser humano Sua imagem e semelhança. Claro que tal afirmativa, oriunda das tradições, nem sempre esteve presente nas religiões, especialmente antes de 1945, quando a humanidade vivia ainda o que denomino de *adolescência da humanidade*. Entendo que nossa *maturidade* teve início precisamente após o adolescente humano ter percebido que poderia destruir o planeta com as bombas atômicas. De forma curiosa, no mesmo ano de 1945 – sincronisticamente, como diria Jung –, são encontrados no Egito, dentro de uma gruta, documentos de dois mil anos atrás, conhecidos como documentos de Nag Hammadi (em referência ao local onde eles foram descobertos), os quais indicam uma nova fase da vida humana, ou seja, a Idade do Saber – que remete a Sócrates e a sua afirmação de que o "conhece-te a ti mesmo" é o início de toda a sabedoria. Para ilustrar, cito o trabalho de uma aluna de pedagogia, que se volta, exatamente, para tal ponto:

> Acredito ser esta palavra a síntese do meu caminho de aprofundamento na sua disciplina: COMPAIXÃO. Essa palavra, para mim, passou a possuir um sabor novo, o de comunhão. Realmente todos nós possuímos uma mesma essência, que nos leva a nos acolher como diferentes. Eu agora digo não a relacionamentos em que um suporta o outro. Eu começo agora pelo desejo de conhecer a mim mesma partindo do outro, que é a visão de nós mesmos. É o amor, como você sempre repetiu para nós, o fundamento e o motivo do nosso viver, e que nos faz sempre livres, saboreando o gosto de viver. (R.B.X. – pedagogia – PUC/SP – 2002)

A observação da aluna a respeito do amor, que "nos faz sempre livres", associa-se à ideia do "self" como equivalente metafórico do "amor". Note-se que um pai pode exigir do filho obediência ou respeito, porém exigir amor é impossível... Sim, o amor será sempre fruto de um querer absolutamente *livre*. Ora, se o amor é a metáfora para "explicar" a natureza de nosso self, fica evidente a indicação do "mistério" da *liberdade* como parte de nossa essência.

Tal "mistério" de nossa liberdade está profundamente vinculado à questão do autoconhecimento. Na verdade, nenhum educador poderá obrigar um aluno a se autoconhecer. O que se pode fazer, e é o que tento em meu trabalho, é "provocar" o educando a caminhar em certa direção... Se fosse algo simples, o "anúncio" de Sócrates de que o "conhece-te a ti mesmo" é o princípio de toda a sabedoria já teria levado grande parte da humanidade a seguir nessa direção. Ocorre que, efetivamente, o autoconhecimento é um ato de liberdade, e, portanto, de *amor por si mesmo* em primeiro lugar. É por essa razão que somente após o referido "final da adolescência", em 1945, foi possível o início do processo de conscientização, que abriu as portas para o conhecer-se a si mesmo. É importante frisar que estamos ainda no início de tal caminho, até porque implica um livre "querer", ou seja, é impossível, como disse antes, "forçar" alguém a seguir essa direção. Cabe aqui uma curiosa reflexão que diz respeito ao fato de todos os seres vivos "conhecidos" nascerem "prontos", sendo que somente o ser humano precisa ser "educado" – vale lembrar que "educar" vem do latim *educere*, e significa "tirar de dentro". Tal reflexão nos leva a uma indagação fundamental a respeito da transcendência do ser humano: *como poderia surgir já pronto um ser cuja essência é a liberdade?* Com essa ideia em mente, podemos começar a perceber o sentido de toda a trajetória da humanidade, iniciando pelo "olho por olho, dente por dente", até chegarmos à proclamação do "amor pelo inimigo" ou ao autoconhecimento apregoado por Sócrates. Tais "anúncios", dentre outros nessa direção, dão início, em torno do ano zero, àquilo que chamei de adolescência do ser humano, fase concluída em 1945, quando o adolescente percebe que pode destruir o planeta com a bomba atômica. Ocorre que tal percurso de sofrimentos e guerras resulta da origem do ser humano como um ser portador de "livre arbítrio", que pode conduzi-lo a "criar ou destruir". E novamente deparamos com Jung, a quem coube a demonstração da importância do "encontro dos opostos" como caminho para a individuação, que, como já mencionei, refere-se a uma retomada do autoconhecimento, já na etapa da maturidade do ser humano, que começou a "tirar de dentro" o sentido profundo da existência. Tudo isso para dizer que a pedagogia da transgressão nasceu dessa minha busca de significado para a vida e da relevância da conscientização referida por Freire, dentre outros motivos. Nesse sentido, e para exemplificar minhas observações, apresento mais dois trechos de trabalhos de alunas minhas do curso de pedagogia (o primeiro depoimento diz respeito a um exercício que costumo propor, no qual peço aos alunos que olhem os próprios olhos no espelho):

> Ruy, em primeiro lugar quero lhe confessar que vinha tentando fazer essa experiência há muitos anos. Só que nunca havia conseguido me olhar por mais que um minuto. E então eu deparei com um exercício que tinha de fazer, não poderia mais fugir. Demorei uma semana para conseguir, foi muito difícil. Sentia medo quando percebia que alguma coisa estava mudando dentro de mim. Então parava de olhar. Na sexta-feira sua aula mexeu muito comigo, e pensei: vai ser hoje. Cheguei em casa à meia-noite, tomei banho, jantei e, quando percebi que só eu ainda estava acordada, resolvi fazer o exercício do espelho. Primeiro senti medo, como de costume, mas fui forte e não parei de me olhar. Depois fui superando o medo e cada vez mais me buscando dentro de meus olhos. Ruy... algo extraordinário aconteceu! Eu pude ver minha alma. Senti uma emoção que jamais conseguirei lhe explicar em palavras. Chorei muito, sorri muito, e o melhor de tudo: pela primeira vez eu me amei muito! Sim, pode acreditar: em 26 anos de vida, foi a primeira vez que me amei de verdade. Sempre me achei feia, sem graça e inferior às outras pessoas. Acho que deve ser por isso que me tornei uma pessoa muito carente. Pensei assim a meu respeito por longos anos, e de repente uma pessoa maravilhosa me aparece, sendo que o mais curioso é que "ela" sempre esteve ali e eu nunca percebi... Como pude demorar 26 anos para me amar e dizer isso com todas as letras, olhando para os meus próprios olhos?! Sempre vivi como se fosse incompleta, parecia que faltava alguma coisa. Agora não me falta nada, sou completa e feliz. Cheguei à conclusão de que ninguém tem o poder de nos fazer felizes a não ser nós mesmos. (E.A.A. – pedagogia – PUC/SP – 2002)

Pedagogia da transgressão

É impossível voltar ao tempo passado para que se possa resgatar algo perdido. O que vale realmente é a consciência adquirida do que se perdeu e a criação de uma disposição para mudar, ou seja, fazer que minha autocompreensão acorde, para que a luz da consciência brilhe em mim. Dessa maneira, naturalmente eu resgato o sentido de mim mesma, pois novos domínios de compreensão, como a investigação, as observações e o olhar, se fazem presentes; por isso é fundamental escrever, para que eu registre meu pensamento a respeito de minhas novas experiências, reescrevendo essas ideias quando necessário [...].

Pessoalmente, o mais importante, sem dúvida, são os questionamentos que faço sobre mim mesma: se os caminhos que estou escolhendo são suficientes para que eu atinja meus objetivos; em que posso melhorar; se estou lidando bem comigo e com as pessoas à minha volta... (L.M. – pedagogia – PUC/SP – 2003)

Tais depoimentos deixam claro o que antes aduzi. O exercício de olhar os próprios olhos no espelho venho realizando com meus alunos com resultados sempre muito significativos, como já fiz constar de outros livros que escrevi, especialmente de *O renascimento do sagrado na educação* (Vozes, 2008). Antes de concluir essa reflexão que venho fazendo na área da educação, que busca dar significado ao percurso "transgressor", quero mencionar um paralelo importante com a tradição cristã, que pode ser reconhecido considerando-se a seguinte passagem do Evangelho de João (1:9): "Ali estava a luz verdadeira, que ilumina a todo homem que vem ao mundo". Em outras palavras, cada um de nós poderá "iluminar" ou "educar" com a luz que trazemos no nosso interior. É preciso *saber* da existência dessa luz e *querer iluminar*... No fundo, é algo semelhante à metáfora do *amor*. Ainda a questão da liberdade. A conclusão desse percurso realizado, até o momento, é que o grande obstáculo do ser humano não é nenhum "mal" ou "erro", mas a ignorância a respeito de si mesmo. Tendo consciência disso, podemos perceber a importância da famosa frase que Jesus Cristo proferiu no momento em que estava sendo crucificado, quando se referiu a seus executores: "Pai, perdoa-lhes, porque não sabem o que fazem".

17

Transcrevo agora mais um depoimento, para ilustrar as reflexões até agora:

O mais importante para mim foi conhecer uma pouco da C. [nome de uma aluna]. Andávamos tão distantes, e, embora estejamos sempre tão juntas, não a via, não a ouvia, não a sentia há muito tempo; foi um encontro muito significativo, que mudará as duas daqui para frente. Levamos um objeto significativo para nós, e se hoje a pergunta se repetisse – "Qual o objeto mais significativo para você?" –, minha resposta seria outra, seria com certeza o desenho da ferida aberta e do encontro com o Graal. Nada jamais me tocou com tal profundidade, pois aquele desenho sou eu, explica minhas atitudes, virtudes, sentimentos... Foi minha maior expressão, expressei minha alma sem saber, ao fazer um desenho pensando mais no Rei do que em mim, e o Ruy, com sua sabedoria, relatou o que viu no desenho, e naquele momento senti arrepios, meu coração bateu mais forte e eu me encontrei inteiramente. Senti vontade de chorar, não nego, mas também senti alegria, pois foi a primeira vez que uma pessoa falou das minhas atitudes sem crítica, e sim privilegiando a razão, o sentido. Assim, como eu sempre digo, as pessoas têm atitudes que condizem com sentimentos, com motivos, por isso nunca julgue, pois você nunca esteve no coração dessas pessoas para saber o que sentem. Por mais que eu tenha gostado dos demais trabalhos, e sei que aprendi com todos, esse foi o melhor, o auge. É difícil que uma pessoa sozinha, sem esse respaldo que as aulas nos deram, consiga esse nível de percepção de si mesma; percebo que esse processo foi, para mim, difícil no início, tanto em relação a me abrir quanto a me descobrir, mas hoje vejo tudo de um jeito diferente e mais claro. (C.R.S. – pedagogia – PUC/SP – 2003)

A referência que a aluna faz ao Graal e ao desenho feito diz respeito a uma aula sobre o mito do Graal, envolvendo a metáfora da ferida do Rei Pescador, que somente seria curada com a presença do cálice sagrado. Durante essa aula, pedi que, além de uma reflexão escrita, as alunas fizessem um desenho da "ferida" do Rei, e foi essa imagem que tocou a aluna, conforme ela descreveu. Aproveito para insistir que uma das transgressões indispensáveis é a inclusão da arte, especialmente do desenho, no meio educacional como forma de expressão dos alunos com base em um conteúdo trabalhado. Enfim, apresento um rico depoimento, capaz de expressar o cerne das transgressões trabalhadas:

Novamente dirijo-lhe a palavra (com muita alegria) e hoje digo que tudo é conexão; aliás, essa palavra se tornou muito significativa para mim. É necessário conhecermos a nós mesmos para agirmos segundo a "educação com o outro", o que geralmente não ocorre. Para muitos professores, os alunos são somente cérebros que devem receber informações; eles esquecem que o aluno também sente, percebe, tem luz e pode refletir essa luz para o mundo. Não consigo conceber a filosofia como algo desprendido do autoconhecimento. E novamente conexão! Tudo é conexão! Como é belo perceber essa imensidão! Essa amplitude, a dimensão! Novamente, tudo é importante, porque aprendi a arte de viver a vida... REALMENTE! Consiste em desfrutar cada coisa, assim como enxergar uma flor no meio do trânsito; enxergar o movimento dos carros como uma dança; enxergar a beleza do olhar no outro com um olhar sincero, um olhar com carinho. Não somente na educação... A vida deve ser assim, vivida PLENAMENTE! (E.A.C. – pedagogia – PUC/SP – 2002)

O autor
Julho de 2010

PREFÁCIO À 1ª EDIÇÃO

O homem encontra-se eternamente em busca de segurança, sempre angustiado pelas ameaças advindas dos outros ou de si mesmo. Atormenta-se pela constante possibilidade de doença, morte, infortúnio e miséria. A criança busca proteção na mãe – primeira zona de segurança total –, e por toda a vida o homem, nostalgicamente, buscará na mulher essa paz. A sociedade se mobiliza sempre à procura de meios de segurança para a sobrevivência do homem, e para tanto engendra seus sistemas, como a religião, o direito, a moral.

Assim, da mesma forma que tenta nos proteger, camufla possibilidades íntimas, nossa potencialidade para encarar a vida, nossa condição e nosso poder pessoal de ação – cria uma atitude à qual nos curvamos; subestimando a nós mesmos.

Gusdorf, em seu livro *La vertu de force* (1957), mostra a luta da consciência humana para desenvolver uma dialética da consciência íntima que questione nossas atitudes cotidianas. Essa dialética confluiria para uma retomada do olhar voltado àquilo que nos cerca. Pascal descreve as múltiplas formas que essa conduta humana paradoxal pode assumir, revelando o medo que a pessoa sente de sua própria sombra, quando sua atitude natural é a *fuga*.

Contrariamente à *fuga*, encontramos a *luta*, que revela a força verdadeira, que não exclui fragilidades, pois todo homem tem seus pontos fracos. A força está na *luta* que revela as possibilidades de superação, na explicitação do que, em nós, existe de inferior, de pequeno. O homem forte não é aquele que vence todos os golpes – isso seria uma simulação de virtude e não a virtude em si –, mas aquele que, a cada golpe da vida, realimenta sua força interior. O forte não é aquele que faz alarde de sua força, mas o que testa o limite de seu poder, ensaiando sempre novas formas de superação das fragilidades. A decisão mais difícil é a de buscar a força em si mesmo. O primeiro movimento parece ser sempre uma busca fora de si. O autoritarismo, a autoestima, a vaidade, o cinismo, sob diferentes formas, recobrem uma mesma angústia, compensada pela busca desesperada de uma transcendência da qual o indivíduo se percebe intimamente desprovido. A forma pela qual Ruy a busca é a *transgressão*.

Transgressão é possibilidade de transcendência, forma de romper com as amarras de toda acomodação que apequena, conduzindo à realização de *utopias* concretas. Transgressão é a consolidação máxima da possibilidade de um novo tempo na educação.

Ruy transgride em sua sala de aula o velho, o triste, o inconformado e o limitado nas questões do conhecimento. Rediscute o valor de cada um, fazendo que seus alunos recuperem o desejo de pesquisar com *autonomia*. A forma poética de seu texto revela-se no seu cotidiano de educador comprometido. Educa com a seriedade dos mais sábios – transgredindo, transformando o triste em alegre, o incompreendido no promissor.

Sua mágica transgressão é a essência de todo trabalho interdisciplinar comprometido.

Ivani Fazenda
Professora doutora do Programa de Pós-graduação
em Educação/Currículo da Pontifícia Universidade Católica
de São Paulo (PUC-SP).

INTRODUÇÃO

> *Um paradigma é tão essencial à ciência quanto a observação e a experimentação. A aderência a um paradigma específico é um pré-requisito indispensável em qualquer empreendimento científico sério.*
>
> STANISLAV GROF (1987, P. 2)

Quando estava concluindo o trabalho que originou este livro, os jornais da época noticiavam que haviam estudantes ameaçando colocar bombas nas escolas, por ocasião das provas. Segundo noticiado, foram 143 ameaças de bomba em escolas, conforme denúncias recebidas pela polícia. O então prefeito de São Bernardo do Campo, um dos municípios mais atingidos, declarou que ocorreram (no ano de 1990) vinte ameaças de bomba às vésperas da época de provas (*Folha de S. Paulo*, 26 out. 1991).

Os educadores devem fazer a leitura correta do que está se passando com a educação.

É evidente que os protestos têm causas definidas. O atual sistema de avaliação por meio de provas quantitativas não atende a nenhuma finalidade educacional; ao contrário, exacerba uma competitividade prematura na vida dos alunos e afasta da escola o prazer do aprendizado.

Além da questão da avaliação, sente-se uma perda de qualidade no processo educativo, que muitas vezes não atinge somente a escola pública e acaba nos conduzindo a uma pergunta fundamental: onde o rumo da escola se perdeu?

Em busca da resposta a tal pergunta é que direcionei o trabalho que agora apresento com o nome de *Pedagogia da transgressão*.

As "transgressões" que compõem este livro são, na verdade, tentativas de romper o que denomino de "prática estritamente racionalista" nas escolas.

Quando a física, em particular, e posteriormente a psicologia, a biologia e mesmo a medicina constataram que o cartesianismo não mais servia como paradigma para as novas questões colocadas pelos cientistas, passando-se, então, à busca de um novo paradigma para as ciências, a educação, como um todo, ainda permaneceu vinculada ao velho modelo, salvo pela forma própria de trabalho pedagógico de alguns educadores.

Na verdade, não se trata aqui de atirar no "lixo" da história as conquistas da ciência ou de ignorar o avanço representado pelo cartesianismo. O que ocorre é que a evolução da humanidade nos conduz sempre ao esgotamento de velhos modelos e à construção de novos.

Fui instigado, desde o início de minha docência, pela leitura de Teilhard de Chardin, que abriu meus olhos para o imenso processo evolucionário da humanidade; em particular, influenciou-me sua preciosa obra *O fenômeno humano*, na qual assim expõe a questão: "Depois de se haver deixado prender excessivamente, até cair na ilusão, pelos encantos da Análise, o pensamento moderno habitua-se de novo a encarar enfim a função evolutivamente criadora da Síntese" (1995, p. 300).

Essa concepção – a de salientar a função madura da síntese – e também outras geniais percepções do autor situaram-no como precursor da atual discussão a respeito do novo paradigma das ciências. Tal discussão convida-nos a um permanente movimento de evolução em meio ao chamado processo de conscientização, ou seja, a um movimento de expansão da consciência do homem. É exatamente esse movimento contínuo de evolução que vai caracterizar o novo paradigma das ciências, em contraposição ao modelo newtoniano-cartesiano, que prevê um universo mecânico e estático.

Grof (1987, p. 12), assim situa o problema: "Desde o início do século XX, a física passou por profundas e radicais mudanças, transcendendo a visão de mundo mecanicista e todas as premissas básicas do paradigma newtoniano-cartesiano".

Essas mudanças na física, provocadas por cientistas como Einstein, Heisenberg e Planck, deixaram patentes o permanente movimento de partículas no universo e a profunda interação do homem como observador diante daquilo que observa.

A repercussão de tais mudanças no que se refere à educação proporciona uma instigante reflexão, a qual me proponho desenvolver no decorrer deste livro. Creio que as novas teorias em educação que possam advir com o paradigma que emerge serão todas caracterizadas pela tendência a firmar uma permanente revisão da prática. Tal característica é muito coerente com um universo que também se revela como um mecanismo em permanente transformação evolutiva.

Assim, manterei a denominação deste livro como *Pedagogia da transgressão*, ainda que não se associe a nenhuma teoria no sentido de um "novo modelo para a educação", mas, sim, a um ponto de reflexão para o estudo do novo paradigma em educação.

Entendo, outrossim, que essa denominação é pertinente pelo fato de as linhas mestras do que seria uma permanente revisão da prática estarem expressas nos capítulos, cada um descrevendo uma das diversas "transgressões".

Ainda nesta Introdução, quero esclarecer três pontos que entendo fundamentais:

1. quando emprego expressões como "corpo físico", "corpo mental", "corpo emocional" ou "corpo espiritual", não o faço de forma vinculada a nenhuma escola filosófica ou esotérica em particular, mas tão somente no sentido didático de distinguir aspectos do ser humano que entendo fragmentados pelo racionalismo;
2. filio-me a uma visão espiritualista do homem, numa linha desenvolvida por Teilhard de Chardin no sentido de um profundo respeito pelo trabalho da ciência, sem nunca perder de vista a identidade plena do ser humano, que engloba sua espiritualidade;
3. utilizo-me das expressões "holismo" ou "holístico", apesar de conhecer o risco de desvios provocados por elas, pois entendo que

não podemos temê-las, mas enfrentar seu conteúdo, distinguindo aquilo que queremos dizer de outras possíveis conotações; o sentido em que utilizo essas expressões diz respeito exclusivamente ao significado de sua raiz grega, ou seja, *hólos*: totalidade.

Após tais observações, passo a detalhar as várias "transgressões" que permearam minha prática docente.

1. A TRANSGRESSÃO DO ESPAÇO

Minha primeira experiência docente ocorreu no Colégio Sion, em 1968. O convite inicial era para que eu, como advogado trabalhista que sou, desse uma palestra para as alunas do ensino médio. A primeira reação que tive a tal convite foi indagar-me: como o tema "sindicalismo" poderia interessar às alunas do Sion? Afinal, na década de 1960, qual seria a relevância desse tema para alunas de uma escola exclusivamente feminina? As freiras, elas sim, passavam na época por uma modernização acelerada (iniciada com as encíclicas do papa João XXIII), mas seria prematuro imaginar que suas alunas pudessem ter abertura suficiente para discussões a respeito do sindicalismo. Mas, se há uma virtude que sempre cultivei é a de nunca recusar novas experiências. Aceitei o desafio e aprendi uma grande lição: embora eu acreditasse que as alunas do Sion pudessem ser alienadas a ponto de não se interessarem por um assunto como o sindicalismo, ficou logo patente que, se a alienação existe em educandos, ela parte sempre do educador. Sim, percebi a avidez com que aquelas alunas que nunca tinham ouvido falar de sindicato prestigiaram minha palestra. Creio que sentiram minha paixão pelo tema e mergulharam no assunto. Tal paixão era decorrente de opção feita no início da década de 1960 pela advocacia obreira, após cinco anos de trabalho com a advocacia civil. Percebido que minha vocação como advogado passava (e isso vale até hoje) pela defesa daqueles que precisavam prioritariamente de auxílio legal, dada sua situação dentro da sociedade. O sindicato na época ainda era frágil, mas significava, no contexto brasileiro de então, o primeiro passo no sentido da organização dos mais fracos.

Essa questão da paixão está profundamente vinculada a toda reflexão que pretendo levar a termo. Refere-se à consciência que o educador deve ter das várias leituras que o educando faz em sala de aula: ele sem dúvida faz uma leitura das palavras ouvidas, assim como dos olhos do educador, e aí, evidentemente, transparecerá a emoção, a paixão do educador em sua tarefa de educar. O educando faz, da mesma forma, uma leitura dos gestos daquele que lhe fala, e creio que não haja dúvida sobre a importância dessa linguagem não verbal. Analisando o fato, paro para avaliá-lo e constato: o que fiz foi parar para me perceber, para me autoconhecer, na expectativa, em seguida, de conhecer o que as outras pessoas pretendem conhecer. E assim o educador deverá permanentemente aprofundar seu nível de autoconhecimento, para que de forma global possa estar presente em sala de aula. Esse nível de autoconsciência do educador será sempre fundamental.

O fato é que o resultado daquela palestra foi o início de um trabalho de dez anos, desenvolvido numa disciplina denominada "atualidades", que era ministrada a todas as classes do colegial e do magistério. O curso na verdade privilegiava o trabalho com os valores ocultos nos fatos, ou seja, o esclarecimento da realidade à luz dos valores implícitos. Assim foi com o tema "sindicalismo" na palestra e assim prossegui nos anos seguintes, buscando extrair o sentido dos principais acontecimentos e estruturas da sociedade.

Sempre procurei mostrar aos educandos o fio condutor comum a todos os acontecimentos, conceito que posteriormente encontrei na obra *Natureza e espírito*, de Gregory Bateson:

> O padrão que liga. Por que as escolas não ensinam quase nada acerca do padrão que liga? Será que os professores sabem que trazem consigo o beijo da morte, o qual tornará insípido tudo o que eles tocarem, e que por isso eles são sensatamente relutantes e então se negam em abordar ou a ensi-

nar qualquer coisa de importância vital? Ou será que eles trazem consigo o beijo da morte porque não ousam ensinar coisas tão importantes? O que é que está errado com eles? (1987, p. 17)

Essa ideia de Bateson a respeito do "beijo da morte" pareceu-me instigante e profundamente relacionada à questão do espaço físico da sala de aula. Uma das primeiras coisas que observei como professor foi o "confinamento" da sala de aula, além da definição puramente racional do espaço, com filas de cadeiras geometricamente dispostas e, muitas vezes, como no meu tempo de aluno de ginásio do estado, com os melhores alunos sentados nas primeiras cadeiras de forma permanente. Creio que essa visão de uma sala de aula estática e organizada de forma mecânica é muito compatível com o velho paradigma, como veremos adiante. Porém não corresponde à visão atual, marcada pela busca da definição de um novo paradigma para a educação, e para as ciências em geral.

Na verdade, o espaço da sala de aula tal como descrito pode ser associado a um "necrotério", que seria o ambiente propício para o "beijo da morte" referido por Bateson.

Claro que exagero, porém é importante constatar que o aluno precisará perceber a rigorosa continuidade do "espaço único existencial" no qual a sala de aula está inserida. E também que esse aluno não deverá estar presente na sala de aula apenas com seu cérebro, até porque é impossível fragmentar o ser humano, apesar das tentativas da escola positivista. Assim, o espaço físico da sala de aula deverá integrar-se ao espaço maior, quer pela sua disposição interna (como por exemplo a disposição em círculo), facilitando a comunicação professor-aluno, quer pela sua integração com o "mundo-vida" do aluno.

A questão do espaço físico da sala de aula e de sua utilização se tornou para mim mais aguda em 1970, quando fui trabalhar no Ginásio Rainha da Paz. A direção pedira-me um trabalho semelhante ao realizado no Sion. Ponderei que no ensino fundamental a situação era distinta, e certamente os temas deveriam ser outros. Foi-me então dito que trabalharia no âmbito de uma disciplina denominada "religião", o que certamente implicaria diferenças.

Não obstante a distinta denominação da disciplina, houve de fato uma semelhança com o trabalho que vinha fazendo no Sion: a reflexão a respeito dos valores inseridos nos acontecimentos cotidianos. De qualquer forma, por envolver o ensino fundamental, tratava-se de um novo e desafiador obstáculo para um nascente educador.

O que quero enfatizar neste primeiro capítulo é a ocorrência do que denomino de "transgressão de espaço", e para tanto mencionarei alguns exemplos tirados da prática de então. Assim, numa classe do ensino fundamental – sétima série –, o tema escolhido para a aula foi o confronto mundial entre capitalismo e socialismo, vigente na época. Propus que as carteiras da sala de aula fossem amontoadas num dos cantos do espaço existente; a seguir, sugeri que três dentre os trinta alunos presentes fossem os "donos" das carteiras e estimulei os demais a solicitarem o uso delas, argumentando de todas as formas possíveis.

As situações criadas foram as mais curiosas e enriquecedoras no que concerne ao processo pedagógico, pois, após os demais alunos solicitarem o simples uso das carteiras ou sugerirem alugá-las ou ainda vendê-las, os "donos", devidamente instruídos, negavam-se a negociar. Em algumas situações, ocorreu o "roubo" das carteiras.

Tal roubo correspondia às lutas sociais presentes na época em que as aulas foram ministradas. Eu mesmo havia descrito aos alunos a luta, em Santa Fé do Sul (SP), de posseiros despejados pelos proprietários e sua postura de resistência às ordens de despejo. Na época atuei como advogado dos alunos-posseiros e pude perceber que eles viam o comportamento injusto dos três colegas que impediam o acesso às carteiras como similar à postura dos posseiros impedidos de acessar a terra.

Após procedimentos dessa natureza, tornava-se simples mostrar aos alunos a luta pela posse de bens, o acúmulo injusto de riquezas; a próxima etapa consistia em falar a respeito de capitalismo e socialismo numa linguagem adequada ao nível da classe.

O objetivo do desenvolvimento de situações como a descrita era sempre tornar criativo o meio onde se trabalhava, levando-se em conta, como já foi dito, a possibilidade de ampliação do espaço pessoal pelo uso de outras formas de ensinar.

Evidentemente que, com quarenta anos já passados desde aquelas experiências iniciais levadas a efeito e aqui descritas, muitos espaços tenho procurado ampliar. Poderia talvez situar minha atitude no âmbito de uma superação do estabelecimento de um espaço "racionalista" nas escolas em detrimento de um espaço "holístico", no particular sentido de globalidade. O termo "holístico", ainda que condenado por alguns cientistas, é adequado ao que quero dizer devido ao sentido implícito em sua raiz grega, *hólos*, que significa totalidade.

Hoje reconheço mais do que nunca a importância da "transgressão" de espaços na tentativa de ampliá-los, pois o "universo estático", "certinho", é um obstáculo ao desenvolvimento do aluno, e seguramente também a disposição da classe acaba por influir nesse ponto. Fico me lembrando dos elementos mais rígidos da escola tradicionalista, tais como a existência de escolas exclusivamente femininas ou masculinas, a fixação das carteiras no piso, e assim por diante.

A busca de um novo paradigma em educação passa pela constatação de um universo em permanente mutação, que não se coaduna com a rigidez do uso do espaço.

Outro aspecto da transgressão de espaço que também se fez presente em minha prática docente foi muito bem retratado na obra *Medo e ousadia*, de Paulo Freire e Ira Shor, de onde extraio a seguinte fala:

> O conhecimento lhes é dado como um cadáver de informação – um corpo morto de conhecimento – e não uma conexão viva com a realidade deles. Hora após hora, ano após ano, o conhecimento não passa de uma tarefa imposta aos estudantes pela voz monótona de um programa oficial. (1987, p. 15)

Vê-se que não se trata de acaso a utilização por cientistas como Gregory Bateson (já referido neste trabalho), Paulo Freire e Ira Shor (estes últimos educadores de nomeada) de imagens ligadas à "morte" para o diagnóstico do processo educacional, o que é valido ainda hoje, pois as respectivas obras aqui mencionadas são recentes. Sim, o "beijo da morte" referido por Bateson ou o "cadáver de informação" há pouco apontado deixam patente que alguma coisa "morreu" na área da educação, e, seguramente, há necessidade de "enterrá-la", trazendo-se a lume o contorno do que seria o "novo". Minha visão pessoal, como já assinalei, é a de que a definição de um novo paradigma em educação é hoje tarefa irrecusável no trabalho de busca e pesquisa dos educadores.

A transgressão do espaço cultural significa a ruptura de um mundo fechado, tantas vezes identificado como um "segundo útero" a ser rompido pelo ser humano em desenvolvimento. Na verdade, o educando necessita alargar sua visão para se adequar à globalidade, percebendo a existência daquele "padrão que liga" referido por Bateson, ou ainda iniciar o processo de "conscientização", largamente citado por Paulo Freire em suas obras. O reconhecimento do padrão que liga ou a conscientização nada mais são do que meios para situar o educando num universo real, holístico, de forma a eliminar a fragmentação desenvolvida por meio do racionalismo criado pelo paradigma até aqui vigente.

Iniciei meu trabalho em escolas de classe média alta, como o Sion e o Rainha da Paz, onde sentia limites culturais bem definidos na prática docente. Era subversivo ou imoral transpor as barreiras trazidas de casa. Assim, por exemplo, quando convidei o jornalista Cláudio Bojunga para falar sobre a China comunista, que havia sido objeto de reportagem então publicada no *Jornal da Tarde*, senti a repercussão preconceituosa das famílias que sentiam como ameaça ideológica a presença de tal tema em sala de aula. Em outra ocasião, foi a escolha do filme *Pixote* (1981) para que fosse exibido a alunas do terceiro colegial do Sion que causou o protesto das famílias, sendo que algumas mães foram à direção a fim de reclamar do fato.

Sentia eu, na ocasião, a necessidade de transgredir aquele universo cultural fechado e restrito, pleno de preconceitos e moralismos.

Hoje verifico a indispensabilidade de uma pedagogia libertadora, como tão bem demonstra Paulo Freire em suas obras, especialmente no já referido livro *Medo e ousadia* (1987), em que, em parceria com Ira Shor, desvela o universo no qual está inserida a sala de aula. Usando expressão já citada desses autores, é preciso superar a vinda do "cadáver de informação" para a sala de aula, permitindo ao educando a busca e a pesquisa amplas, sem restrições culturais ou de outra ordem. É preciso que o educador constate a limitação de seu próprio conhecimento, por mais erudito que seja. Romper a barreira dessa mediocridade é o que determina a transgressão do espaço cultural.

Como no passado, nas aulas de estudos de problemas brasileiros (EPB) que dou atualmente na Pontifícia Universidade Católica de São Paulo (PUC/SP), abro permanentemente o espaço para essa transgressão. Adotei a mesma atitude ao trabalhar na Faculdade de Medicina de Sorocaba (SP). Lá, minha preocupação era que os alunos pesquisassem e buscassem as linhas alternativas de medicina, ampliando o espaço intelectual do centro médico. Dessa forma conseguimos, naquela ocasião (início da década de 1980), trazer para a sala de aula profissionais como acupunturistas e homeopatas, realizando também visitas a centros alternativos de cura natural ou espiritual. Os resultados foram muito bons, permitindo considerável abertura e descortino do universo médico.

Claro que o ideal seria uma integração dos diversos docentes no debate que daí se originou. Porém, nossa universidade ainda está muito presa a uma estrutura racionalista. Ainda hoje a proposta do ensino médico na PUC/SP está totalmente delimitada pelo velho paradigma que somente considera científica a medicina alopática. Não importa. Exatamente para enfrentar esse quadro vigente nos diversos graus de ensino é que resolvi desenvolver este trabalho, sabendo das dificuldades mas também que não sou o único envolvido nessa situação.

Esse estreitamento do espaço cultural somente será rompido com a superação do processo educacional fragmentado, o qual nunca considera a vida em sua integralidade. É o paraíso dos especialistas! Creio ser válido mencionar aqui um trecho da obra *A educação e o significado da vida*, de J. Krishnamurti, que assim analisa o tema:

> A educação não é uma simples questão de exercitar a mente. O exercício leva à eficiência, mas não produz a integração. A mente que foi apenas exercitada é o prolongamento do passado, nunca pode descobrir o novo. Eis por que, para averiguarmos o que é educação correta, cumpre-nos investigar o total significado de viver. (1955, p. 11)

Evidentemente que esse significado total do viver situado no campo educacional implica a necessária transgressão do espaço cultural existente, que separa a realidade daquilo que é científico da realidade do que não é, segundo os padrões vigentes. Ora, se a humanidade houvesse mantido tal quadro de referência através dos tempos, a Terra ainda seria sustentada por tartarugas... É preciso que o processo educacional tenha todo o espaço e liberdade para buscar pelos caminhos não oficiais, sem que se desprezem, evidentemente, os conhecimentos já adquiridos.

Tenho observado que o confinamento dos estudantes em um espaço estritamente racional leva-os a certa insegurança diante do conjunto da vida, o que pode ser verificado no seguinte trecho de uma autoavaliação feita por um aluno do último ano do curso de informática, ao fim do primeiro semestre letivo de 1991:

> *A situação de um universitário nas vésperas de concluir o curso é a situação dos seres humanos em geral: sentem-se perdidos, não sabem o que fazer com o que têm nas mãos, estão no escuro em plena luz do dia, inseguros e completamente despreparados, porque a escola é um universo à parte em relação ao mundo real, os ensinamentos são puramente acadêmicos e teóricos.* (C.Q. – PUC/SP – 1991)

A questão da sensação de um universo fragmentado, presente no depoimento anterior, foi assim analisada por Teilhard de Chardin:

Instintivamente, físicos e naturalistas operaram de início como se o seu olhar mergulhasse do alto sobre um Mundo que a sua consciência podia penetrar sem por ele ser marcada ou sem modificá-lo. Começam, agora, a se dar conta de que as suas mais objetivas observações estão todas impregnadas de convenções escolhidas de partida e também de formas ou hábitos de pensamento desenvolvidos no decorrer da evolução histórica da Pesquisa. Tendo chegado ao ponto extremo de suas análises, eles já não sabem se a estrutura que atingiram é a essência da matéria que estudam, ou, antes, o reflexo do próprio pensamento. E, presos na própria armadilha, simultaneamente se dão conta de que, por contragolpe de suas descobertas, eles mesmos se encontram envolvidos, corpo e alma, na rede de relações que pretendiam lançar de fora sobre as coisas. Metamorfismo e endomorfismo, diria um geólogo. Objeto e sujeito se unem e se transformam mutuamente no ato do conhecimento. Quer queira quer não, a partir de então, o Homem se reencontra e se olha a si mesmo em tudo o que vê. (1995, p. 26-7)

Em minha prática educativa, a transgressão desse universo fragmentado acentuou-se logo após o meu ingresso na PUC/SP, em 1970, quando o terceiro desafio docente me foi apresentado: dar aulas de "estudos de problemas brasileiros" (EPB), matéria criada pelo governo militar com o fim definido de apresentar aos educandos a chamada ideologia da Escola Superior de Guerra.

Meu problema, como é de prever, era o seguinte: como burlar ou transgredir essa diretriz absurda que implicava a transmissão de uma ideologia militar na qual nem eu nem os professores com um mínimo de consciência acreditávamos? Diga-se, desde logo, que dar aulas de EPB não foi uma escolha pessoal, mas, sim, uma consequência de circunstâncias históricas decorrentes da integração da Escola de Serviço Social à Universidade Católica, sendo certo que eu acompanharia essa integração, pois lecionava legislação trabalhista naquela escola. Na condição de recém-chegado à universidade, foi-me atribuída a "nova" disciplina de EPB.

Preocupado em encontrar uma estratégia de aulas que acompanhasse minhas primeiras descobertas advindas da experiência com educação básica e buscando coerência com as teorias de Teilhard de Chardin, especialmente na linha do último trecho transcrito, busquei uma prática pedagógica voltada ao homem representado no depoimento do aluno do último ano do curso de informática, e ao universo que o envolvia. Logo de início, discuti com os alunos a questão de que os estudos de problemas brasileiros passavam em primeiro lugar pelos brasileiros, que em resumo são homens, tratando-se, portanto, de estudos do homem, particularmente do brasileiro.

Assim posta a questão, restava inserir esse homem num universo global, holístico, e portanto não fragmentado. Como trabalhar um universo não fragmentado de forma a permitir que o aluno se veja integrado no todo, exatamente para que não ocorra uma situação como aquela descrita no depoimento do aluno de informática? (Lembro que o trecho que escolhi para transcrição diz respeito a um depoimento prestado no último ano do curso.)

Minha formação jurídica ajudou-me a formular uma estratégia para a sala de aula caracterizada pela busca de uma visão integral do ser humano e do universo vivido. Consistia em desenvolver de forma mais ampla o conceito de cidadania, com a especificação dos direitos fundamentais do ser humano.

Tal amplitude visou sempre contemplar não só os direitos e deveres já conhecidos do senso comum, mas também aqueles nunca expressos, embora igualmente fundamentais para a realização integral do homem.

Para a elaboração de uma relação de direitos, inspirei-me em um curso que fiz no início da década de 1970 e que, sob a denominação de "cibernética social", buscava transmitir aos participantes uma visão integrada ou holística da realidade. Assim, defini catorze direitos fundamentais do ser humano: direito à vida, à saúde, à subsistência, ao amor, ao lazer, à informação, à educação, à recriação, à propriedade, à crença, à segurança, à liberdade, à justiça e à igualdade.

A explicitação de tais direitos aos alunos teve como objetivo aquilo que Paulo Freire sempre caracterizou como tarefa fundamental do educador: a "conscientização". Serviu também para esclarecer duas fundamentais questões: uma, já mencionada, relativa aos valores implícitos na realidade vivida, e outra atinente ao que chamo de qualidade de vida.

A qualidade de vida somente se torna viável quando o homem consegue ampliar sua consciência a ponto de poder ver-se integralmente e, por consequência, perceber o mundo à sua volta, sempre constatando a perfeita harmonia e unidade entre ambos.

É exatamente essa a visão de Paulo Freire, como fica patente em sua obra *Conscientização* (1980, p. 26-7): "A conscientização não está baseada sobre a consciência de um lado, e o mundo, de outro; por outra parte, não pretende uma separação. Ao contrário, está baseada na relação consciência-mundo".

Assim, busquei desenvolver nos meus quarenta anos de docência na PUC/SP um trabalho de profunda integração entre o aluno e o mundo que o cerca, tendo sempre como ponto de partida o desenvolvimento de uma proposta de autoconhecimento.

Na verdade, nos meus dez anos de docência na educação básica eu já utilizava essas ideias de cidadania e direitos fundamentais em práticas educativas, que sempre tiveram como escopo a conscientização, bem como a valorização do universo holístico em detrimento do universo fragmentado.

Renée Weber, filósofa francesa contemporânea, em seu livro *Diálogos com cientistas e sábios*, expõe de forma precisa essa fascinante questão da fragmentação do universo:

> A ciência, como pude observar por mim mesma, estuda as coisas separando-as em componentes cada vez menores. De algum modo, essa análise laboriosa, minuciosa, tem sido a força suprema da ciência. Mas também pode significar sua fraqueza. Fragmentando a natureza, ela perde o sentido do todo. Prejuízo maior é a perda da significação do todo, às vezes até dos detalhes. (1986, p. 26)

Entendo que essa busca do todo deve guiar o processo de estabelecimento de um paradigma holístico. Desenvolvi, em meu trabalho, experiências distintas tendo em vista a busca desse universo holístico. Com os alunos da educação básica, vivenciei uma atividade que teve seu ponto culminante durante um acantonamento em local próximo à cidade mineira de Sapucaí Mirim. Os estudantes, em grupos de quatro ou cinco, tinham como missão descobrir como eram vividos os direitos fundamentais pelos habitantes do local. Eram catorze grupos, o que permitiu um amplo exame da realidade interiorana, observando-se que a cada grupo coube pesquisar um dos direitos fundamentais já referidos.

Após a observação, os alunos passaram a dramatizar as situações e entrevistas feitas, visando transmitir aos demais colegas o aspecto de vida analisado. Assim, cada grupo pôde expor o resultado de seu trabalho, permitindo a percepção de uma realidade insuspeitada. Em seguida, os grupos dramatizaram a vivência do direito pesquisado de acordo com sua realidade em São Paulo. Creio que não preciso dizer a riqueza das conclusões daí advindas para as diversas áreas de reflexão abordadas na escola. Não só a percepção de um universo global mostrou-se fundamental, como também o confronto daquilo que era vivido numa cidade do interior com a vivência em uma metrópole.

Já na universidade, tenho utilizado a estratégia desenvolvida como ponto de partida para uma reflexão pessoal, com o intuito de obter uma individuação, ou seja, um autoconhecimento tão amplo quanto possível. O trabalho desenvolve-se por meio do uso de um dos direitos apontados como pretexto para o levantamento da história pessoal do aluno, devendo ser elaborado um relatório escrito a respeito. Posteriormente, em círculos de debates, as diversas histórias encontram-se, relevando a amplitude da vida do ser humano e, até mesmo, compondo o perfil de uma geração.

Vale salientar que essa transgressão envolvendo a busca de um universo totalizante ou holístico tem o grande mérito de transpor certos limites estabelecidos pelo racionalismo, os quais tradicionalmente impediam a discussão de temas como a sexualidade, a política ou a religião; esses temas podem ser abordados na reflexão desenvolvida segundo essa estratégia sem nenhuma dificuldade para os alunos.

A literatura atual revela, por exemplo, que toda a reflexão feita pela professora Ivani Fazenda, dentre outros, a respeito da interdisciplinaridade fundamenta e justifica a tese da superação da fragmentação do saber. Posso citar a preciosa obra denominada *Interdisciplinaridade e patologia do saber*, de Hilton Japiassu (1976), que de forma magistral analisa o tema, revelando a importância contemporânea da questão. Entendo como fundamental, nessa busca de um novo paradigma em educação, a transcendência da fragmentação produzida pelo racionalismo em sua ânsia de superar os velhos dogmas; porém, a transição deve ocorrer de forma cuidadosa, para que não caiamos num novo enciclopedismo.

Quero deixar claro que, a essa altura, entendo como cumprida a relevante etapa desenvolvida pelo racionalismo isoladamente; assim, torna-se indispensável hoje irmos além e chegarmos a uma reunificação do saber. Na verdade, trata-se do caminho apontado por Teilhard de Chardin, já referido neste trabalho, que sai da análise em direção à síntese. Acredito que Freud, Reich e Jung, dentre outros, já indicavam o caminho da unidade ao revelarem que o racional, sozinho, não só fica aquém da realidade como também deixa patente a fragmentação do ser humano.

Para mim é complicado, neste momento, exteriorizar em prosa a definição do caminho que venho trilhando na minha prática docente. Permito-me, assim, transcrever adiante um texto poético, que é a forma habitual por mim utilizada por ocasião da avaliação de um curso – a qual, na verdade, é sempre uma autoavaliação, algo que esclarecerei no decorrer deste livro. De qualquer forma, entendo como oportuna a transcrição do texto referido, bem como de trechos de avaliações de alunos ao final de cada semestre de trabalho.

Assim inicio, com meus alunos, um processo de descortino do *eu* de cada um. É necessário que cada um se identifique com o que entendo por identidade.

Identidade

Descobrir o "mais dentro"
Aquele sorriso nunca esboçado
Aquela tristeza sempre disfarçada
Aquela pressa que nos impede permanecer

Conhecer-se para caminhar
Deixar seu traço na história
Deixar fluir o sorriso
Que marcará sua passagem

Descobrir os sinais que nos identificam
Sinais únicos, originais
Marcas que o tempo deixou
Tantas vezes ignoradas

Permanecer na alegria genuína de existir
Percebê-la dentro de si
No mais íntimo
a ser ainda desvelada

Saber-se um com a vida
Mais ainda uno com os companheiros de jornada
Conhecidos e desconhecidos
Mas sempre singulares e tocados pela magia do "ser homem"

Ser homem
Ser único
Capaz da dor e do amor
Capaz de gestos que ficam

O homem que se conhece, que se identifica, é

[...] o homem que não é só razão, e sim um misto de emoção, razão e espírito. A consciência de saber o que acontece dentro de mim, à minha volta, com *meu companheiro é que dá um sentido para a vida [...]*. (L.M.V.M. – autoavaliação – pedagogia – PUC/SP – 1989)

Para adquirir tal consciência faz-se necessário

[...] conhecer a história do ser humano... Tanto a sua própria história como a do outro... Vale aqui discutir o mistério humano. (Idem)

Eis algumas amostras do aprendizado resultante dos cursos:

Nós não somos máquinas, mas vivemos mecanicamente a maior parte de nossa vida. A sua aula nos levou a essa constatação após uma parada para escrevermos a respeito de nós mesmos, de nosso lazer, nosso corpo, nosso espírito, nossos medos, nossa consciência de nós e do mundo, dos outros. Foi um questionamento de nossa realidade. O aspecto mais positivo foi o de pensar a educação com base no conhecimento do próprio educador. O trabalho individual foi para mim de suma importância, pelo fato de eu ter me julgado e tomado consciência de algumas coisas, e de certa maneira ter me aberto sem me preocupar com o que dizia e sentia. Às vezes tinha vontade de chorar porque revivi um passado doído, no qual eu evitava pensar para amenizar a dor. Foi uma terapia. (A.O.S. – autoavaliação – pedagogia – PUC/SP – 1989)

O trabalho desenvolvido percorreu, como em uma análise, toda a trajetória de minha vida. Possibilitou-me aplicar todo o conhecimento aprendido a minhas experiências "passadas", sendo que pude rever atitudes e conceitos que eram tidos como verdades, fazendo-me questionar: que verdades eram essas? O que são verdades? Esse resgate nos fez reavaliar, reavaliando se constrói... (R.G. – autoavaliação – pedagogia – PUC/SP – 1989)

O papel do educador nada mais é que o conhecimento de si próprio e de seus alunos, a descoberta da identidade de cada ser, para que possa atuar no campo da aprendizagem próximo a eles. O trabalho do professor estará longe de alcançar seus objetivos se ele não estiver consciente em relação à realidade em que está vivendo e às pessoas com quem está trabalhando. (B.L.B. – autoavaliação – pedagogia – PUC/SP – 1989)

Retornar ao passado e avaliar nossa experiência em relação a um direito foi muito perigoso, mas muito compensador. Eu percebi que não sou diferente. Minhas colegas são pessoas iguais a mim, que enfrentam todos os dias a mesma rotina que eu e que descobriram no curso um sentido em meio a essa rotina. Uma rota cheia de surpresas e novidades. [...] Minha verdade hoje não deverá ser minha verdade amanhã. E espero que seja assim. Quando eu entrar em contradição, falando hoje algo que venha a negar amanhã, será por ter crescido e percebido que esse "algo" já não era tão verdadeiro. Nestas aulas eu parei para pensar em quem eu sou e no que eu quero... Bom, eu realmente me abri e falei sobre o que se passou comigo e como sou hoje. Acho que me entreguei e me dediquei profundamente ao trabalho, sendo que, ao mesmo tempo, eu não falei nada de lindo ou extraordinário, apenas me descrevi.
(C.O.S. – autoavaliação – pedagogia – PUC/SP – 1989)

Como o leitor pôde sentir após a observação dessas autoavaliações por mim recolhidas no ano de 1989, por meio dessa transgressão ao que convencionalmente se espera em termos de desenvolvimento de conteúdo, ou, melhor dizendo, quando o professor se aventura permitindo que o aluno se desvele por inteiro, a emoção corre solta, afloram-se as emoções mais insuspeitas, a linguagem se organiza...

2. A TRANSGRESSÃO DA BARREIRA EMOCIONAL

Inicio este capítulo com uma referência à obra de Rudolf Lanz (1986, p. 151):

A educação geralmente praticada hoje em dia esquece a vida sentimental e faz com que o "amor" se atrofie.

A referência a Freud, Reich e Jung feita no capítulo anterior é fundamental para percebermos os primeiros passos no sentido da descoberta de um universo maior do que o do homem resultante do *Cogito, ergo sum* ("Penso, logo existo"). Na verdade, quando Freud considerou a paralisia de uma paciente como resultante de traumas emocionais e afirmou que um trabalho psicoterápico a curaria, chegamos ao limiar de um conhecimento mais amplo do ser humano, ao menos no âmbito da cultura cristã ocidental. Note-se que hoje os próprios médicos alopatas já reconhecem que as doenças têm sempre um cunho psicossomático. Tal constatação foi fundamental, mas ainda não faz parte do repertório de autoconhecimento da maioria das pessoas. Percebe-se, ao contrário, como o emocional ainda é bloqueado e frequentemente desconhecido.

Verifico que, na maior parte dos alunos que chega à universidade e mesmo no universo adulto que nos rodeia, há profunda imaturidade emocional. O processo educacional, tanto no meio familiar como nas escolas, ainda engatinha no que diz respeito a essa percepção. É inegável que, baseados em Freud e acompanhando as demais descobertas na área da psicologia, psicólogos e educadores como Piaget, dentre outros, desenvolveram reflexões fundamentais para a implantação da ciência hoje identificada como psicologia da educação. O ponto, porém, em que quero insistir é que mais uma vez tratou-se de uma análise, a qual, apesar de precisa, ainda representa o oposto da síntese buscada e que caracteriza o novo paradigma que aqui se tenta delinear.

A pedagogia Waldorf, descrita por Rudolf Lanz (1986), é uma das iniciativas que melhor identificaram o problema, o qual tem sido enfrentado nas escolas em que ela foi adotada.

Visando à transgressão da barreira emocional, tanto na educação básica como na superior, sempre busquei superar aquele velho ditado popular segundo o qual homem não chora. Chora sim. A emoção é tão importante quanto a razão. E faz parte do campo do educador, já que é impossível imaginar um educando que não carregue um "corpo emocional". Assim, trabalhei durante anos buscando diversas maneiras de fazer que essa emoção viesse à tona, com o objetivo de levar o educando a conscientizar-se de forma precisa a respeito da existência desse corpo emocional. Desenvolvi várias práticas em sala de aula com esse intuito, sendo que ainda utilizo algumas no ensino superior, área em que continuo atuando.

As estratégias que elegi para lidar com essa transgressão incluíam as seguintes atividades: fazer dramatizações, ver filmes e ouvir música em sala de aula. Exemplifico as dramatizações com alunos do ensino fundamental com um exercício que requeria a escolha de um tema – como, por exemplo, "Chapeuzinho Vermelho" – normalmente conhecido por todas as crianças. Escolhido o tema, eu formava grupos de aproximadamente cinco crianças e pedia que representassem o tema em "tons" distintos: um primeiro grupo deveria apresentar o tema em tom romântico, outro em tom dramático, outro em clima de terror, outro ainda em tom de comédia, outro sem palavras e assim por diante, buscando destacar os vários estágios da emoção, o que era discutido posteriormente. Outra forma por mim adotada, utilizada também na educação superior, foi o diálogo interpretativo de personagens em evidência. Assim, por exemplo, estabelecia polêmicas de cunho político, entre personagens de partidos opostos, ou discussões religiosas, com figuras proeminentes de credos antagônicos. A personificação era de início escolhida livremente pelos educandos, sendo que no calor do debate eu invertia os papéis dos alunos, que assumiam a figura do outro personagem, com quem debatiam anteriormente. Os resultados sempre foram fundamentais para a compreensão do envolvimento emocional inevitável e que tantas vezes impede a consecução de um verdadeiro diálogo. Tal exercício sempre foi acolhido com grande animação pelos alunos, que frequentemente acabavam por perceber suas próprias emoções, as quais transpareciam nos debates.

Após o início do mestrado, pude observar que os atuais psicólogos de vanguarda, como Stanislav Grof, já referido neste livro, caracterizam a questão da barreira emocional a ser transposta de forma mais ampla. Fritjof Capra, que recolheu depoimentos de vários cientistas a respeito da mudança de paradigma nas ciências, assim descreve a visão de Grof:

> A cartografia de Grof abrange três domínios principais: o domínio das experiências "psicodinâmicas", que envolvem uma complexa revitalização das memórias emocionalmente relevantes de vários períodos da vida de uma pessoa; o domínio das experiências "perinatais" relacionadas aos fenômenos biológicos envolvidos no processo de nascimento; e todo um espectro de experiências que vão além dos limites individuais e transcendem as limitações do tempo e do espaço, para as quais Grof cunhou o termo "transpessoais". (Capra, 1988, p. 82)

A transcrição anterior revela a dimensão hoje apresentada por psicólogos no que tange ao "corpo emocional" do homem. No entanto, o processo educacional hoje vigente, apesar de considerar a importância do componente psicológico, ainda permanece aquém da dimensão plena do conteúdo emocional do ser humano. Tal questão envolve aquilo que talvez seja minha principal preocupação: o problema da identidade. O mesmo Capra (*ibidem*, p. 83) assim se refere a essa questão: "As experiências transpessoais envolvem uma expansão da consciência além das fronteiras convencionais do organismo e, em consequência disso, uma ampliação do sentido de identidade".

Creio realmente que a transgressão do que denomino corpo emocional, mesmo desconsiderando o transpessoal, leve à considerável ampliação do autoconhecimento, ou seja, da identidade do aluno.

Nesse ponto julgo pertinente mencionar uma segunda grande preocupação a permear minha docência desde o início: a questão da transformação. Isso porque, tornando-se o aluno consciente quanto à existência de um corpo emocional – que passa a ser percebido por ele como parte de sua identidade –, surge, obviamente, a instigante tarefa que envolve as transformações possíveis nas emoções percebidas.

Assim, quando constatada a existência de inveja, ciúme, raiva ou outro sentimento indesejado, a mudança deve voltar-se a emoções conducentes a um equilíbrio pessoal. Isso se torna muito claro nos jogos de dramatização, nos momentos em que, ao defenderem seu personagem, os alunos se percebem cheios de raiva. A passagem dessas situações para a vida real e a consciência quanto a possuir tais emoções dentro de si permitem importante reflexão, ensejando transformações no comportamento do aluno. Claro que, se houver constatação da existência de comportamentos próximos do que se poderia considerar patológico, o encaminhamento a tratamento psicológico impor-se-á. Porém, o educador devidamente preparado poderá enfrentar larga gama de questões rotineiras em sala de aula, com largo proveito para os educandos.

Transcrevo a seguir mais trechos de trabalhos de alunos da PUC/SP, para ilustrar o que estou aqui querendo dizer.

> *Adquirir a própria identidade é um processo longo, que prevê um caminhar do educador em que ousar é imprescindível... Preparar-se para tocar e transformar é essencial a um homem que vive num mundo mágico. [...] O homem*

real esconde-se, e escondido tem medo de despontar, fazer prevalecer, dominar, enfim, mostrar-se como ser. O homem não luta pelo que ele é, mas pelo que gostariam que ele fosse. O seu mundo é ideal e vivido por outros, e nunca por ele mesmo [...]. Ser diferente é árduo para o educador que não admite o outro e muito menos a si mesmo; ele não consegue trabalhar com suas diferenças, com seu modo e maneira de viver. Negar-se diante do mundo é sinal de que ser diferente não é possível [...]. (F.S.M. – autoavaliação – pedagogia – PUC/SP – 1990)

Para lidar com tal situação se faz necessário

[...] um tipo de trabalho de autorreflexão, de se perceber, buscar e reencontrar pequenas, que no contexto são grandes, transformações. Tentar fazer esse exercício diariamente é enfocar o problema brasileiro [...]. Parte-se do individual para o coletivo e passa-se a ter uma base para entender melhor nossa sociedade, que está fragmentada e cheia de problemas a resolver [...]. O compartilhar dessas reflexões também é de grande valor, pois vemos que muitos problemas particulares, na verdade, são coletivos. (C.C.G.F. – autoavaliação – pedagogia – PUC/SP – 1989)

Ver o particular no coletivo, o *eu* no outro: eis a próxima forma de transgressão percebida em meu trabalho, a transgressão da comunicação.

3. A TRANSGRESSÃO DA COMUNICAÇÃO

A transgressão da comunicação poderia também ser denominada transgressão da linguagem. Trata-se, na verdade, de buscar formas usuais mais amplas de expressão que foram reprimidas pelo paradigma cartesiano. Para ilustrar a questão, destaco, a seguir, um trecho da obra *Sabedoria incomum*, de Fritjof Capra, que revela parte de um diálogo entre o autor e o famoso psiquiatra R. D. Laing:

"Eu acrescentaria", replicou Laing, com o copo intocado de conhaque ainda nas mãos, "que a nova ciência, a nova epistemologia, terá de partir de uma mudança, de uma completa reviravolta em nossas ideias e sentimentos. Ela deverá passar da intenção de dominar e controlar a natureza para a ideia de, por exemplo, Francisco de Assis, para quem a criação toda é nossa companheira e possivelmente nossa mãe. Isto é parte de seu ponto de mutação. Apenas então poderemos nos voltar para as percepções alternativas que haverão de surgir."

Laing passou então a especular sobre o novo tipo de linguagem que seria apropriado à nova ciência. Mostrou que a linguagem científica convencional é descritiva, ao passo que uma linguagem que permita o compartilhar da experiência teria de ser retratadora. Teria de ser uma linguagem mais semelhante à poesia, ou mesmo à música, uma linguagem que retratasse uma experiência diretamente, transmitindo de algum modo seu caráter qualitativo. (Capra, 1988, p. 113)

Essa observação feita por Laing e citada por Capra, ao mencionar a linguagem descritiva em contraste com a linguagem poética, remete à lateralidade cerebral, tendo o cérebro esquerdo como a parte "racional" e o cérebro direito como a parte "intuitiva". A educação tradicional desenvolve normalmente essa porção racional do cérebro, deixando atrofiado o lado intuitivo. Em decorrência dessa situação, inúmeros adultos saem das escolas convencidos de sua absoluta incapacidade para desenhar, pintar, fazer poesia ou música. Incluía-me até recentemente nesse grupo, sobretudo no que tangia à pintura ou ao desenho. Somente após haver participado de um curso de aquarela especialmente destinado ao desenvolvimento da intuição é que pude perceber o potencial não "educado" de meu cérebro. Hoje já existem em São Paulo cursos especializados na "recuperação" de educandos que não tiveram um desenvolvimento integral nas escolas.

Passei a adotar, em meu curso, um exercício estimulador desse desenvolvimento, utilizando especialmente a linguagem poética como instrumento. Para a realização desse exercício, proponho aos alunos que "esqueçam" por um momento todas as regras gramaticais. Em seguida, sugiro que meditem, com lápis e papel na mão, a respeito de temas como o seguinte: "Quando eu tinha 10 anos, lembro-me de que...".

Após breve meditação, que pode ser acompanhada de música (modal, de preferência), os alunos começam a escrever, sem preocupar-se com a marcação de parágrafos, a pontuação ou mesmo a grafia. Após dez minutos, recolho os escritos e passo a lê-los para a classe, que em geral se surpreende e se emociona com o número de poesias "liberadas". Na verdade, o que ocorre é a criação de uma oportunidade para que a intuição se manifeste, com a consequente liberação da emoção retida pelo pensamento estritamente racional. Esse exercício pode ser também executado por meio da produção de desenhos, pinturas e outras formas de comunicação.

Mais recentemente, durante a leitura da obra *A pedagogia Waldorf*, de Rudolf Lanz, deparei com a seguinte observação: "A falta de forma e a deformação predominam em nossa civilização. Contrastam com a abundância dos conteúdos, isto é, da informação" (1986, p. 127). Entendo que essa falta de forma referida por Lanz é consequência da limitação da expressão. Os alunos da área das ciências exatas frequentemente ressentem-se da quase impossibilidade de comunicar-se, acredito eu pelo excesso de conteúdo em detrimento da forma. Na mesma obra, linhas adiante, Lanz afirma: "A mais bela obra musical transforma-se em caricatura hedionda quando executada por artistas incapazes em instrumentos quebrados ou totalmente desafinados".

A qualidade de uma realização resulta da forma como expressamos a realidade. Assim, ela depende do profundo desenvolvimento do autoconhecimento. O artista, quando executa uma obra, será tanto mais brilhante na execução quanto mais for senhor de sua emoção e de sua amplitude espiritual. Claro que o conhecimento da obra e o domínio da técnica não deixam de ser indispensáveis. Mas o que quero ressaltar é a importância da plena autoconsciência para que a qualidade do trabalho ou da obra possa vir a lume.

Ora, é exatamente essa globalidade do ser humano e da existência que, na minha visão, deve ser o alvo do novo paradigma em educação. A qualidade será a meta. Com isso em mente, preparei o seguinte texto poético, utilizado para guiar as autoavaliações feitas em 1991:

Qualidade

Há um desejo crescente de qualidade
Qualidade de ensino
Qualidade no trabalho profissional
Qualidade de vida

Qualidade permeia o Uno
O entendimento da reunificação do saber
Percepção da própria unidade
Da superação da fragmentação vigente

Qualidade permeia também o Amor
Não o "apego"
A destrutiva possessividade
Mas o amor fruto da Luz interior

O Amor é a qualidade da Luz interna
"Que ilumina a todo o homem que vem ao mundo"
(Evangelho de São João)
É a transformação da energia densa em Luz
A iluminação plena a partir da chama interna

Qualidade é a busca do peregrino
O sentido a ser encontrado
O caminho a ser percorrido
A resposta que se procura no processo de individuação

Assim falar de qualidade
É falar do "mais dentro"
É tentar expressar o inexprimível
Fica a tentativa, com toda a ternura

Constatei recentemente que a forma de expressão e a liberdade necessária para concretizá-la é que permitem o aprofundamento dessa questão da qualidade. Apresento a seguir trechos de algumas autoavaliações de alunos feitas com base no texto anterior.

A qualidade, a meu ver, vem justamente do processo de autoconhecimento, no qual nós temos sempre de estar atentos a nós mesmos, ou seja, temos de ter a sensibilidade para saber ouvir, para perceber nosso próprio organismo como um todo cheio de vida e de energia que está a todo momento se transformando. (C.A.L.A. – autoavaliação – fonoaudiologia – PUC/SP – 1991)

Somente com o autoconhecimento é que podemos enxergar e julgar nossa qualidade de vida e até mesmo escolher a qualidade que queremos dar à nossa vida. (F.B.B. –autoavaliação – fonoaudiologia – PUC/SP – 1991)

Todas as atividades realizadas no curso neste semestre tiveram repercussões diferentes em nós; abriram portas para alguns, sugeriram questionamentos pessoais. Talvez não nos tenham colocado em um caminho, mas desempenharam o importantíssimo papel de nos mostrar que existem caminhos e que podemos abrir os olhos e escolher... Todas essas sugestões de trabalho e a posterior análise dos resultados nos levaram a questionar a "qualidade" de vida, a inexistência, nossa e dos demais, portanto o texto apresentado explicita grande parte do intuito do curso. (C.Q. – autoavaliação – computação – PUC/SP – 1991)

Antes de encerrar a atual discussão, gostaria de esclarecer que associei a questão da transgressão da comunicação à busca de qualidade por entender que somente ao se expressar de forma ampla, como lhe for possível, o ser humano contribuirá com a comunidade no que se refere à "qualidade" de sua vida. Concluo afirmando que os bloqueios de comunicação impedem que inúmeros artistas, prisioneiros dessas barreiras impostas à forma de expressão, se manifestem.

4. A TRANSGRESSÃO DO CORPO FÍSICO

O racionalismo trouxe para a educação uma visão de corpo que ficou delimitada ao campo da tradicional "educação física": movimentos metódicos, frequentemente bruscos, havendo sempre a separação entre meninos e meninas. Esse foi o quadro que encontrei quando comecei a lecionar. Claro que muita coisa foi mudada. Hoje, tenho colegas de mestrado formados em educação física cuja grande preocupação é um redimensionamento de sua área, visando escapar dos padrões rígidos até há bem pouco tempo propostos.

A educação física tem sido campo fértil para o desenvolvimento do sentido competitivo trazido pelo racionalismo, em especial no que diz respeito à prática de esportes.

Thérèse Bertherat e Carol Bernstein, em *O corpo tem suas razões*, fazem uma análise profunda que trata da dimensão correta do corpo no nível existencial. Sua posição é tão antagônica à educação física tradicional que denominaram a atividade que desenvolveram de "antiginástica". Segundo as autoras:

> Nosso corpo somos nós. Somos o que parecemos ser. Nosso modo de parecer e nosso modo de ser. Mas não queremos admiti-lo. Não temos coragem de nos olhar. Aliás, não sabemos como fazer. Confundimos o visível com o superficial. Só nos interessamos pelo que não podemos ver. Chegamos a desprezar o corpo e aqueles que se interessam por seus corpos. Sem nos determos sobre nossa forma, nosso corpo, apressamo-

-nos a interpretar nosso conteúdo, estruturas psicológicas, sociológicas, históricas. Passamos a vida fazendo malabarismos com palavras, para que elas nos revelem as razões de nosso comportamento. E que tal se, através de nossas sensações, procurássemos as razões do próprio corpo? (1977, p. 13-4).

Cabe aqui enfatizar a importância em minha formação de um curso de expressão corporal que fiz durante três anos, na década de 1970, e que foi decisivo em minha docência. Entendo que os cursos de pedagogia deveriam ter em seu currículo atividade equivalente para a formação do educador.

Sempre procurei desenvolver com meus alunos em sala de aula ou em espaço adequado, especialmente quando trabalhava com a educação básica, uma consciência do corpo distinta daquela proporcionada pelos exercícios ritmados ou competitivos da prática desenvolvida nas aulas de educação física. Recentemente introduzi em minhas aulas no ensino superior propostas – a serem desenvolvidas pelos alunos em casa – relativas à descoberta do próprio corpo, em harmonia com a emoção e com a mente, as quais, embora simples, apresentaram resultados surpreendentes.

Propus, por exemplo, que os alunos, em casa, de portas fechadas e com música suave, tentassem dançar sozinhos, procurando observar os movimentos do corpo e o relaxamento resultante da atividade.

Constatei que, incrivelmente, a maior parte dos alunos nunca havia participado de atividade similar, o que revela o alto grau de alienação em relação ao próprio corpo a que uma postura estritamente racionalista nos conduz. De outra parte, entendo como indispensável para o autoconhecimento essa percepção do próprio corpo em sua dimensão plena.

Thérèse Bertherat e Carol Bernstein destacam um curioso aspecto da questão:

> O corpo docente é antes de tudo o corpo de cada professor. O saber que o professor propõe é certamente o que ele aprendeu através da experiên-

cia de sua presença corporal; os alunos de hoje logo lhe farão sentir que não estão lá a fim de aprender o que ele lhes conta, mas para apanhar o que ele amadureceu, os frutos de sua experiência. O corpo do professor é uma espécie de árvore do conhecimento. (1977, p. 190)

Caso a consciência do próprio corpo não exista no educador, jamais poderá ser desenvolvida no educando. Em minha prática, tenho sempre buscado aprofundar essa questão, tanto por meio de exercícios individuais como também em atividades em sala de aula, algumas vezes assistido por especialistas em trabalho corporal.

A postura dos alunos diante de tais propostas tem sido sempre a melhor possível, ficando patente a necessidade de que esse espaço seja preenchido de forma mais abrangente, e não simplesmente com atividades esporádicas de uma matéria não específica. Insisto na relevância da criação de um espaço para um curso de abordagem corporal no programa das faculdades de educação.

Mais recentemente, lendo outros textos a respeito da matéria, surpreendi-me com uma obra de Roger Garaudy denominada *Dançar a vida*, na qual ele faz a seguinte observação:

> Que aconteceria se, em vez de apenas construirmos nossa vida, tivéssemos a loucura de dançá-la? Talvez seja esta uma das perguntas mais importantes formuladas pela juventude, em sua contestação dos objetivos do mundo que lhe estamos legando... É que a dança não é apenas uma arte, mas um modo de viver. (1980, p. 13)

Seguramente a dança é uma expressão plena do ser humano, pois envolve a plenitude do corpo, da emoção e da mente. Além disso, a dança envolve também a espiritualidade, sendo que várias religiões a utilizam, desde épocas remotas, em cultos. Roger Garaudy (*ibidem*) assim se refere ao tema: "A dança é um modo de existir. Não apenas jogo, mas celebração, a dança está presa à magia e à religião, ao trabalho e à festa, ao amor e à morte".

Concordo plenamente com as observações de Garaudy. Percebo a significância da descoberta do movimento consciente do corpo pelo educando e sua indispensabilidade num trabalho sério de autoconhecimento. Assim, considero essa transgressão do corpo físico, isto é, a transgressão da visão racionalista do corpo uma etapa a ser vencida na perseguição do novo paradigma a que já me referi.

5. A TRANSGRESSÃO DA ORDEM INSTITUCIONAL

Os dois textos apresentados na sequência são de épocas distintas, mas refletem uma mesma realidade, qual seja, o difícil caminho encontrado pela educação e pelo educador diante da ordem institucional, seja em relação ao Estado como um todo, seja em relação à estrutura de uma universidade (às vezes o problema associa-se à chefia de um departamento...)

> A pedagogia dominante é a pedagogia das classes dominantes. Os métodos de opressão não podem contraditoriamente servir à libertação do oprimido. (Paulo Freire, 1970, p. 9)

> Os estudantes são formados para ser operários ou profissionais liberais que deixam a política para os políticos profissionais. Esses currículos falsamente neutros formam os estudantes para observar as coisas sem julgá-las, ou para ver o mundo do ponto de vista do consenso oficial, para executar ordens sem questioná-las, como se a sociedade existente fosse fixa e perfeita. Os cursos enfatizam as técnicas e não o contato crítico com a realidade. Isso impede uma análise política das forças que constroem os currículos, bem como os arranha-céus. Um cientista, um profissional, mantém a face limpa ficando fora da política, deixando de fazer perguntas que contenham críticas às decisões de seus superiores ou ao impacto de seu próprio trabalho. (Paulo Freire e Ira Shor, 1987, p. 24)

O primeiro texto revela reflexão feita sobre a experiência vivida nos anos 1960, enquanto o segundo já mostra o panorama do final dos anos 1980.

Ainda sobre os textos, vale mencionar que o segundo expressa fala de Ira Shor extraída de precioso diálogo com Paulo Freire, presente na obra em questão. Sabemos que a experiência de Ira Shor como educador refere-se aos Estados Unidos, ou seja, a um país de Primeiro Mundo. Assim, ainda que se mudem a latitude ou a condição social, a questão da dominação permanece a mesma, sendo o desafio para o educador análogo.

Em minha prática educativa, que aqui descrevo como sucessivas tentativas de transgressão do espaço racional (sempre no sentido de transcendê-lo e não, obviamente, de eliminá-lo), a questão da ordem institucional foi sempre o grande desafio.

Talvez a transgressão ora descrita devesse ser a primeira a ser abordada neste livro, porém os fatos que passarei a descrever ainda hoje representam importante ponto de reflexão, estando sempre presentes em minha trajetória. Subdividirei o item em algumas transgressões, todas elas associadas ao que poderíamos chamar de "ordem institucional", ainda que situadas em esferas distintas e aparentemente sem conexão.

Transgressão de conteúdos padronizados

Segundo Rudolf Lanz,

[...] desde o berço, o homem moderno está acostumado a uma total passividade mental: os meios de massa lhe servem de notícias, divertimentos e slogans prontos; ele vive em apartamentos sem personalidade, em meio a móveis e objetos fabricados em série; as imagens que o circundam (graças à publicidade), graças a opiniões que ouve, tudo isso o transforma num mero consumidor cuja única iniciativa consiste, a rigor, em escolher entre várias opções igualmente prontas. Sendo solicitado só de fora, sem fantasia nem engajamento próprios, com pensar reduzido a um raciocínio mecanizado (pelo cientismo que culmina no computador), sua criatividade acaba sendo totalmente atrofiada. [...] É inadmissível reduzir-se o fenômeno "ensino" à transmissão (e assimilação) de um programa definido, quantificado e reprodutível por meio de um teste. Isso poderia, a rigor, ser um recurso do processo de educação o qual, na realidade, é infinitamente mais amplo e rico. (1986, p. 66 e 146)

Enfrentei por duas vezes a questão dos conteúdos padronizados; curiosamente, numa delas defrontei padrões da Igreja, e, na outra, do Estado. O primeiro caso ocorreu no Ginásio Rainha da Paz, quando me foi confiada a "disciplina" religião, como já relatado neste trabalho. Nessa escola, tive quase sempre inteira liberdade para desenvolver um trabalho acerca dos valores próprios ao ser humano – não houve interferências significativas durante os oito anos em que lá trabalhei. Entretanto, como decorrência da área por mim abordada, fui convocado para discutir, juntamente com a equipe da pastoral escolar, a preparação dos alunos para o sacramento da crisma. Tal equipe, contando com vários professores da mesma disciplina de diversas escolas católicas, era formada por padres e freiras, sendo eu o único leigo do grupo. Expus aos participantes minha visão, segundo a qual a formação tradicional para os vários sacramentos – especialmente para a primeira comunhão, o sacramento anterior – vinha sempre marcada pela transmissão aos educandos de um conteúdo e de uma vivência exteriores à realidade deles. Afirmei, inclusive, que o chamado "católico brasileiro" resultava em geral de uma preparação de fiéis desligada de seu cotidiano, ficando sempre a ideia de algo postiço e fora da realidade. Assim, propus ao grupo um trabalho que hoje estaria muito próximo da chamada teologia da libertação ou das comunidades eclesiais de base, no qual o aluno primeiramente tomaria consciência de sua condição de pessoa humana presente em um mundo ainda injusto, sem que os direitos fundamentais fossem respeitados. Uma vez desenvolvida essa reflexão, seria oferecida ao educando, respeitando-se sua liberdade pessoal, a opção de adotar uma religião cuja proposta fundamental é a vinculação a Jesus Cristo, que, exatamente, pregava a construção de uma sociedade justa, elaborada de forma consciente e fraterna. Enfim, insisti na necessidade de que se considerasse a crisma como sendo um sacramento de um cristão adulto, e não que continuasse sendo, à semelhança do batismo ou da eucaristia, uma cerimônia na qual a festividade ganhava em importância em comparação à participação consciente do crente.

O curioso é que, num primeiro momento, houve certa simpatia do grupo pela proposta, sendo marcada outra reunião para que retomássemos a discussão do trabalho. Na reunião seguinte, o coordenador trouxe um documento já impresso em que desenvolvia as etapas da "preparação do coordenador". Diante de meu inconformismo com o fato de ter trazido um documento pronto para uma reunião em que ainda seria discutida a forma de conduzir o processo, ele piscou para mim, dizendo: "Reservei uma palestra para você aqui..."

Para mim era patente a rigidez da estrutura eclesiástica, que, fugindo ao diálogo, impunha uma forma de trabalho a qual, evidentemente, divergia do que eu vinha desenvolvendo com as classes. Tal divergência esbarrava também na questão da idade para a preparação para a crisma. A partir de então, com minha recusa em participar da proposta oficial, muito embora ainda continuasse trabalhando com os alunos, iniciou-se um processo de desgaste que culminou com minha demissão.

Posteriormente, na educação superior, vivi um problema similar, desta feita enfrentando o dispositivo militar que, na década de 1960, assumiu o controle político do país e criou, na área da educação, a cadeira de estudos de problemas brasileiros (EPB). Era clara, no momento em que a disciplina era criada, a intenção de divulgar a doutrina da Escola Superior de Guerra. Assumi as aulas na PUC com inteira liberdade de trabalho, não obstante a existência de um programa oficial. Num primeiro momento, pude desenvolver o trabalho sem constrangimento aparente. Digo "aparente" porque fiquei sabendo, anos mais tarde, que o reitor na época fora procurado por um coronel que pedira minha cabeça, alegando que eu era comunista.

Segundo informações a mim fornecidas pelo próprio reitor, a universidade soube resistir às pressões e minhas aulas puderam ter sequência durante algum tempo.

Nos anos 1970, as estruturas oficiais continuaram se fazendo presentes, agora utilizando-se da pessoa do coordenador do curso de EPB, que passou a exigir o cumprimento do programa oficial, com a apresentação aos alunos de determinados textos. Tive meu trabalho ostensivamente fiscalizado e interrompi minhas atividades, em pleno ano letivo (abril), pedindo uma licença sem remuneração, pois me recusava a desenvolver outro trabalho que não o que vinha fazendo. O episódio poderia ter terminado com minha saída da PUC, como acontecera no Ginásio Rainha da Paz, mas, fato sumamente prazeroso para mim, acabei retornando às aulas: os alunos, inconformados com a interrupção do curso e vindo a conhecer a continuidade que havia sido proposta, movimentaram-se, com sucesso, pela minha volta.

Aos poucos pude firmar a linha de meu trabalho, que adquiriu alguns seguidores, especialmente quando a coordenação do curso passou para a responsabilidade dos diretores de faculdade, deixando de depender de um coordenador representando a ordem institucional.

A proposta que vingou e que venho até hoje utilizando é a de que não adianta falar de *problemas brasileiros* externos ao indivíduo, não se pode deixar de abordar, principalmente, os problemas *do brasileiro* vividos pelo educando. O movimento de consciência ocorre de *dentro* para fora. Se não enfrentarmos o "dentro", não conseguiremos motivar o aluno para o "fora". Insistirei adiante nessa questão; o que importa nessa altura do trabalho é acentuar as dificuldades que enfrentei para "transgredir" os conteúdos padronizados.

O texto de Lanz citado anteriormente (1986, p. 66 e 146) é bem o retrato da padronização imposta pela sociedade como um todo, sendo lamentavelmente tantas vezes seguida pelas escolas de todos os níveis. A liberdade inerente ao "ser homem", para que possa ser desvelada em sua inteireza aos educandos, precisa ser vivenciada pelos educadores, não só no que diz respeito à sua postura em sala de aula mas também à capacidade de transgredir currículos e conteúdos adrede preparados. Fritjof Capra vem enriquecer, com sua visão de físico, a discussão do tema aqui apresentado:

> Em contraste com a concepção mecanicista cartesiana, a visão de mundo que está surgindo a partir da física moderna pode caracterizar-se por palavras como orgânica, holística e ecológica. Pode ser também denominada visão sistemática, no sentido da teoria geral dos sistemas. O universo deixa de ser visto como uma máquina, composta de uma infinidade de objetos, para ser descrito como um todo dinâmico, indivisível, cujas partes estão essencialmente inter-relacionadas e só podem ser entendidas como modelos de um processo cósmico. (1982, p. 72)

Ou seja: pretender ainda hoje trabalhar com conteúdos padronizados, oriundos de uma visão cartesiana e mecânica do universo, significa impedir o caminho da evolução tão bem retratado por Teilhard de Chardin e de que falarei mais detalhadamente adiante. A rigidez dos conteúdos é consequência, principalmente, da rigidez do pensamento contemporâneo.

Organizado por Ken Wilber, o livro *O paradigma holográfico e outros paradoxos* reproduz o seguinte diálogo entre o físico David Bohm e a filósofa Renée Weber:

> A humanidade se acha agora estilhaçada em incontáveis pedacinhos, não somente nações, religiões e grupos, mas cada indivíduo nas famílias, isolado de todos os outros; e por dentro, cada indivíduo também está dividido em muitos fragmentos; e essa tremenda fragmentação origina o caos, violência, destruição e muito pouca esperança de que surja qualquer ordem real. E agora, isso é confirmado pela visão geral sobre tudo, como sabe, visão segundo a qual a realidade consiste em pequenos pedacinhos, todos isolados um do outro... Em outras palavras, isso recebe sua confirmação e sem reforço, e portanto, quando as pessoas reconhecem

essa fragmentação, quando olham para a ciência, veem nela uma confirmação da necessidade dessa fragmentação, certo? (Wilber, 1990, p. 71)

Esse pronunciamento de Bohm revela a gravidade da questão dos conteúdos padronizados, cuja influência, como foi referido, está presente em todo o comportamento da humanidade e, consequentemente, em seu próprio pensamento.

Aliás, não poderia ser de outra forma, já que seu pensamento formou-se por intermédio de uma escola dependente dos conteúdos padronizados, o que nos leva a um círculo vicioso.

Tenho insistido, em minha prática, na necessidade do espaço livre para o educador, que deverá saber se situar e situar a sua disciplina dentro de um universo maior, sem as limitações pretéritas dos programas oficiais.

Transgressão à didática tecnicista

Situo a presente transgressão no capítulo da transgressão maior da ordem institucional, porque a aliança do projeto educacional brasileiro com o tecnicismo tornou-se, com o advento do militarismo, um verdadeiro dogma.

Há evidentes exemplos disso, indo desde a exclusão da filosofia, francês, latim, espanhol e outras matérias não técnicas dos currículos até a criação dos cursos ditos profissionalizantes. Além disso, a divisão do ensino médio nas áreas de exatas, humanas ou biológicas é claro reflexo do estabelecimento de tal dogma. O resultado dessa política na formação dos alunos que chegam à educação superior é sumamente grave.

Além da citação já feita, no início deste capítulo, do livro *Medo e ousadia* (Freire e Shor, 1987), torna-se pertinente transcrever outro trecho da mesma obra, em que, em meio ao diálogo havido entre os autores, assim se manifesta Ira Shor:

A crise econômica, por outro lado, provoca ansiedades. O mercado de trabalho é pobre, o custo da faculdade está aumentando. Assim, os estudantes querem saber, rapidamente, qual o valor de mercado de um curso. Ressentem-se de ter que cursar matérias obrigatórias de Ciências Humanas, que os fazem "perder tempo", distraindo-os de suas opções profissionais em Administração, Enfermagem, Engenharia, Computação, os novos programas da moda que jogaram as Humanidades numa depressão durante os anos 70. (p. 84)

Ou seja: mesmo nos Estados Unidos, onde não houve algo similar ao regime militar aqui implantado em 1964, as humanidades foram afastadas em detrimento da tecnologia emergente no ensino. Assim, a tentativa de desenvolver um curso de EPB como o que ministrei na PUC/SP esbarrou, inicialmente, na postura dos próprios alunos, desinteressados e vinculados exclusivamente às matérias relativas à sua opção profissional.

Hoje, vinte anos depois, conto com uma tradição criada em torno de meu curso que facilita a execução da proposta, porém com frequência ainda encontro, por parte de alguns alunos, esse mesmo tipo de resistência. Por outro lado, a resistência não é só deles, mas muitas vezes das próprias faculdades, que destinam os piores horários a tais matérias, o que constitui uma forma de dizer aos alunos, indiretamente, que elas são menos importantes. Nesse sentido, a situação mais grave que encontrei foi no curso de medicina do campus da PUC em Sorocaba (SP).

Quando comecei a lecionar naquela unidade, as aulas de EPB eram as únicas que ocorriam aos sábados. Evidentemente, os alunos tinham imensa má vontade em relação à matéria, quer porque era da área de humanas – e portanto não diretamente relacionada ao currículo do curso de medicina –, quer porque muitos alunos que moravam em repúblicas viam nos fins de semana a chance de voltar para casa e passar algum tempo com suas famílias.

Trabalhei durante seis anos com os alunos dessa faculdade e, após as dificuldades iniciais, as aulas de sábado foram se transformando num grande encontro, em que discutíamos as linhas alternativas de medicina. O trabalho de questionamento da linha tradicional de medicina – a alopatia – não só incomodava o corpo docente como levou muitos alunos a exigirem cursos alternativos, fosse de homeopatia ou de acupuntura. A consequência do aparente êxito do curso foi sua retirada dos sábados e transferência para as quartas-feiras, no período noturno.

Não posso afirmar categoricamente que isso ocorreu para dificultar meu trabalho, porém, morando em São Paulo, era para mim extremamente difícil dar aulas à noite, em um dia de semana, em Sorocaba. Além disso, para os próprios alunos, que tinham aula em período integral, tornava-se excessivo o comparecimento à noite na faculdade.

O fato é que a matéria de EPB era "demais" e o ideal seria que não existisse...

Com essa mudança de horário, não pude mesmo continuar o trabalho docente naquela unidade, transferindo-me para o Centro de Educação e para o Centro de Matemática e Física, onde estou até hoje.

Para exemplificar as dificuldades encontradas, vale dizer que certa vez, no "campus" da matemática, um aluno muito amigavelmente procurou-me no corredor e disse: "Professor, o senhor não vai conseguir desenvolver esse trabalho aqui na faculdade. Nossas preocupações são outras, e não temos tempo para cumprir as tarefas pedidas".

É evidente que ainda encontro alunos com essa postura no início de cada ano letivo, porém tem sido preciosa a relação que venho estabelecendo com os educandos desse centro, onde hoje sou diretor comunitário, tendo sido homenageado várias vezes, por diversas turmas.

Relato tal circunstância tão somente para revelar que não só é possível transgredir a barreira do currículo tecnicista como também vencê-la, abrindo aos alunos um verdadeiro espaço de reflexão por meio de didáticas não tecnicistas.

Claro que inúmeras tentativas de superação dessa didática tecnicista vêm sendo levadas a efeito. Destaco, ainda uma vez, a pedagogia Waldorf, uma das que mais claramente se dispõem a enfrentar ou transgredir tal parâmetro.

Em Lanz (1986, p. 137), encontramos a seguinte observação: "A civilização atual é cientificista, materialista e dominada pela técnica. Em outras palavras, a cosmovisão reinante é mecanicista e impregnada pela imagem da máquina".

Baseadas nessa premissa, as escolas Waldorf procuram romper essa visão tecnicista da sociedade, buscando uma educação humanista que vise sempre superar o estágio de civilização num dado momento da história. Lanz compartilha dessa visão, afirmando que:

> A sociedade deve moldar-se, em sua realização, em qualquer momento histórico, segundo o grau de evolução atingido pelo homem, e variar em função desta – e não vice-versa! Seria portanto inadmissível ser o jovem educado de tal maneira que se tornasse, quando adulto, um cego e dócil admirador de todos os valores da sociedade existente. É evidente que o jovem deve conhecer o mundo ao seu redor e estar preparado para atuar e viver dentro dele. Mas isso não significa que deva considerar esse mundo imutável. (*Ibidem*, p. 149)

Logicamente, as críticas a essa visão tecnicista corrente não costumam ser bem-vindas. Mesmo no curso de pedagogia da PUC ainda encontro dificuldade ao tentar romper certo tecnicismo educacional. Afirmo isso porque venho insistindo há algum tempo na inclusão no currículo da Faculdade de Educação da PUC/SP de disciplinas como literatura infantil, abordagem corporal e educação artística sem encontrar êxito até o momento. São propostas que têm nascido de um trabalho crítico feito em sala de aula, nos cursos de EPB que ministro nessa instituição.

Transgressão de uma prática não comprometida

Krishnamurti levanta o seguinte questionamento:

"Que pode fazer um só indivíduo, de efeito, na história? Pode realizar alguma coisa importante com sua maneira de viver?" Pode, indubitavelmente. Vós e eu não podemos, é verdade, sustar as guerras imediatas ou criar uma instantânea compreensão entre as nações; mas pelo menos podemos suscitar, no mundo de nossas relações diárias, uma básica e efetiva transformação. (1955, p. 53)

O grande desafio para a instalação de uma prática não comprometida diz respeito à sensação de impotência do educador diante do universo comprometido que ele enfrenta a cada dia. São frequentes as lamúrias do educador, perdido numa das escolas de cidade grande, destacando as barreiras oferecidas pelo diretor, pelo inspetor, pelo programa oficial, pelo sistema político do país... Enfim, há sempre um obstáculo a impedir esse tipo de prática.

Claro que as exceções existem, e, ainda bem, são numerosas. Tenho convivido com educadores nos diversos graus de ensino que, não obstante as dificuldades mencionadas (a baixa remuneração do professor talvez seja a maior de todas), vêm desenvolvendo práticas de ensino altamente significativas, sendo exemplos perfeitos de uma pedagogia não comprometida. Ainda uma vez, é na obra de Paulo Freire que vamos encontrar as reflexões mais agudas a respeito dessa questão. Em *Medo e ousadia*, em meio ao diálogo já referido com Ira Shor, Freire diz:

> Dialeticamente, há, no entanto, outra tarefa a ser cumprida, qual seja a de denunciar e de atuar *contra* a tarefa de reproduzir a ideologia dominante. De quem é essa segunda tarefa de denunciar a ideologia dominante e sua reprodução? É do professor, cujo sonho político é a favor da libertação. Esta segunda tarefa não pode ser proposta pela classe dominante. Deve ser cumprida por aqueles que sonham com a reinvenção da sociedade. Então cabe àqueles cujo sonho político é reinventar a sociedade ocupar o espaço das escolas, o espaço institucional, para desvendar a realidade que está sendo ocultada pela ideologia dominante, pelo currículo dominante. (Freire e Shor, 1987, p. 49)

Durante esses quarenta anos de docência que venho descrevendo, talvez essa questão envolvendo a prática não comprometida tenha sido a de maior relevância, implicando, a meu ver, uma frontal transgressão à ordem institucional.

Se o educador estiver comprometido com o sistema vigente, por ação ou omissão, sua prática será opressiva e autoritária, no primeiro caso, ou alienada, no segundo caso. O comprometimento com aquilo que nossa consciência profissional mostra como verdade decerto implica grande transgressão dos compromissos exigidos pelos diversos níveis de autoridades a que estamos sujeitos.

Entendo que o racionalismo deu origem às sociedades que atualmente conhecemos como capitalistas ou socialistas. Embora já tenhamos presenciado o desmoronamento do autoritarismo vigente no mundo socialista (o que aconteceu também nas ditaduras do mundo capitalista), o homem ainda vive de acordo com estruturas autoritárias, especialmente na área de educação.

A figura do professor ainda está marcada por um papel de autoridade que transmite ao aluno a ideia de uma sociedade, inicialmente com a família, nos primeiros anos do ensino fundamental, e depois com o Estado ou o sistema naquilo que ele tem de opressor.

Na verdade, ao seguir os programas oficiais, sem criticá-los, e adotar as condutas de avaliação que se traduzem em provas e notas, o professor revelará, aos olhos do aluno, seu comprometimento com tudo aquilo que frequentemente impede o que Paulo Freire chama de reinvenção da sociedade.

Tenho buscado, com meu curso, abrir amplas possibilidades aos alunos para que, após "se verem", possam efetuar a crítica da própria instituição em que estudam, incluindo a minha disciplina, e da sociedade em torno deles. Dessa forma, tento mostrar que o curso, assim como a própria universidade, será em grande parte aquilo que forem livremente construindo, sendo certo que, por extensão, assim também ocorrerá com a sociedade como um todo.

Para orientar os alunos diante de tal perspectiva, tenho adotado como estratégia um sistema de comunicação e avaliação totalmente distinto do que está estabelecido, a começar, como já foi afirmado, pela não adoção do programa oficial de EPB. Mais adiante procurarei explicitar de forma mais detalhada meus critérios de avaliação e métodos de comunicação com a classe.

Finalizo a atual "transgressão" acentuando que esse sistema que faz do pensar o único elemento na formação de um projeto educacional – numa reprodução do *Cogito, ergo sum* – é ultrapassado e precisa ser reinventado. O risco da cristalização do pensamento humano deve ser combatido; se ela tivesse se concretizado de forma efetiva, a medicina alopática nunca chegaria a admitir que as doenças são psicossomáticas, por exemplo. E para a sociedade como um todo, o resultado da transformação de pensamentos em leis – ou, pior ainda, em dogmas – tem sido extremamente paralisante no que diz respeito ao seu crescimento e à sua evolução.

Renée Weber, conhecida filósofa contemporânea, ao dar sua contribuição à já referida obra *O paradigma holográfico e outros paradoxos*, que reúne textos de vários cientistas contemporâneos também preocupados com a busca de um novo paradigma para as ciências – capaz de substituir o chamado paradigma cartesiano –, faz a seguinte observação: "O pensamento é uma espécie de consciência fossilizada, operando dentro do 'conhecido', e, desse modo, por definição, não é criativo" (Wilber, 1990).

Essa afirmação pode parecer ousada e até mesmo intempestiva, por isso voltarei à autora e à obra citada adiante para aprofundar a questão. Neste momento, o que gostaria de deixar patente é que o educador precisa escapar da ideologia dominante (que nada mais é do que a cristalização do pensamento de um ou de alguns homens) para que possa levar seus alunos à descoberta da possibilidade de reinventar a sociedade.

No decorrer de meu trabalho docente, escrevi (ainda na década de 1970) o texto poético que transcrevo a seguir, o qual, segundo penso, expressa bem essa transgressão aos diversos aspectos da ordem institucional autoritária.

Uma nova humanidade

Em todos os conflitos há uma constante busca de justiça
Para os oprimidos
Para as minorias raciais
Para os camponeses e operários marginalizados pelo desenvolvimento

Sente-se brotar uma nova face
Face sofrida, mas que pode olhar de frente
Face ferida nos combates, mas acolhedora
Universal
Integradora

Vamos chegando a um tempo em que não há mais lugar para os mornos
Os indefinidos
Os acomodados
As "maiorias silenciosas"
Será um tempo de solidariedade
Ou isolamento definitivo e mortal

As dores do grande parto do Homem
São visíveis e palpáveis
Muitos têm olhos e não querem ver
Ouvidos e não querem ouvir

As crises dos países são as crises pessoais
A guerra corresponde à tensão e à angústia de cada um
Os cientistas descobriram que o câncer e outras doenças contemporâneas
São frutos do desamor
Da solidão
Da melancolia

A cura do corpo e da alma
Do homem todo e de todos os homens
Virá certamente no final das dores
Como imensa árvore livre que principia rompendo a semente

Assim a humanidade vai rompendo a casca do egoísmo
E do individualismo
Para dar lugar a uma comunidade real
E os sintomas estão nos gestos proféticos de João XXIII

Os três tipos de transgressão da ordem institucional que foram abordados provavelmente não esgotarão o tema, mas creio que, na área educacional, o institucional nestes últimos anos caracterizou-se exatamente por conteúdos padronizados e uma didática tecnicista, que acabaram conduzindo os educadores a uma prática não comprometida, objeto da terceira transgressão aqui apresentada.

Assim, ainda que possamos considerar outras transgressões como pertencentes a este item, optei por situá-las em outros tópicos, por mera questão de estética do trabalho.

6. A TRANSGRESSÃO DE UM UNIVERSO ESTÁTICO

A transgressão de um universo estático talvez seja uma das mais relevantes transgressões resultantes da reflexão iniciada neste trabalho. Foi uma das últimas que pude aplicar em sala de aula, desenvolvendo atividades relacionadas, em um momento em que eu já atuava exclusivamente na educação superior. Trata-se da superação de um universo mecânico e estático, objeto da física clássica e núcleo do velho paradigma das ciências.

Quando li *O ponto de mutação*, de Fritjof Capra (1982), percebi ao mesmo tempo a beleza e a importância da percepção desse autor no que dizia respeito à profunda relação entre a nova física e um novo paradigma das ciências. Então, iniciei instigante questionamento, que não considero terminado, da situação desse novo paradigma em educação. De acordo com Capra:

> Força e matéria são vistas agora como tendo origem comum nos modelos dinâmicos a que chamamos partículas. Esses modelos de energia do mundo subatômico formam as estruturas nucleares, atômicas e moleculares estáveis que constroem a matéria e lhe conferem seu sólido aspecto macroscópico, fazendo-nos por isso acreditar que ela é feita de alguma substância material. Em nível macroscópico, essa noção de substância é uma útil aproximação, mas no nível atômico deixa de ter qualquer sentido. Os átomos consistem em partículas, e estas partículas não são feitas de qualquer substância material. Quando as observamos,

nunca vemos qualquer substância; o que vemos são modelos dinâmicos que se convertem continuamente uns nos outros – a contínua dança da energia. (1982, p. 86)

O trecho da obra de Capra citado anteriormente deixa patente a profunda revolução implicada pela nova visão acerca da matéria. Algumas coisas foram ficando claras, e passei a experimentá-las em sala de aula nestes últimos anos. A primeira delas diz respeito às permanentes transformações que ocorrem no ser humano, em seus três primeiros e evidentes níveis de existência: o corpo físico, o corpo mental e o corpo emocional.

A afirmação da física segundo a qual estamos diante de um universo em permanente transformação também se aplica à área educacional, vale para o ser humano global. Aquilo que se imaginava matéria sólida e estática nada mais é que uma "dança cósmica de partículas", de acordo com o que diz Capra na obra mencionada. Ora, se assim é para a matéria dita sólida, seguramente o será para o nosso "corpo sólido", ou seja, o corpo físico. É até simples perceber, com o passar dos anos, as mudanças que vão acontecendo e que se tornam permanentes em nosso corpo físico.

E se assim é para o corpo físico, que dirá para o corpo mental! Sim, nossos pensamentos estão seguramente sujeitos a permanentes mutações, hoje gravemente aceleradas pelos meios de comunicação. Enfim, nosso "corpo emocional", da mesma forma e também de maneira evidente, transforma-se, pois nossas emoções estão em constante mutação. Passamos da tristeza à alegria ou da raiva ao amor com a maior rapidez!

Ora, a consciência dessa unidade "transformante" do ser humano é o ponto fulcral da reflexão acerca do novo paradigma em educação, e vem constituindo uma importante "transgressão" observável em sala de aula.

Assim, com a mesma visão sistêmica compreendida pelos "catorze direitos" utilizados para atividade já descrita de autoconhecimento, tenho proposto uma sequência de atividades que visa à percepção de dezessete momentos de transformação, na qual os educandos aprofundam a busca de si mesmos, em um trabalho individual, com resultados surpreendentes, como adiante demonstrarei. Esses resultados dos trabalhos individuais são discutidos com toda a classe, sendo levantados dois aspectos fundamentais da questão: as transformações já vividas pela atual geração, representada pela classe, e aquelas que se desenham para o futuro.

Os dezessete momentos que selecionei para servirem de ponto de partida para a reflexão estão baseados nos catorze direitos citados, sendo que já resultaram das atividades desenvolvidas no primeiro semestre.

No Apêndice 1 ("A questão das transformações"), ao final deste livro, há a descrição de dezessete momentos de transformação extraídos de trabalhos e reflexões feitos por alunos das diversas classes para as quais dei aulas de EPB, em 1990, na PUC/SP. Entendo relevante sua anexação ao livro para que o leitor possa aquilatar o imenso universo de discussões, seguramente holísticas, proporcionado pelos alunos.

É importante mencionar que, à medida que estou redigindo este trabalho, novas questões vão surgindo, o que seguramente tornará as observações, ao menos algumas delas, ultrapassadas. Porém, esse fato acaba servindo para validar o que aqui está sendo dito, já que tal processo é totalmente coerente com o conteúdo deste item, que trata das permanentes transformações.

De qualquer forma, quero deixar claro que me encontro profundamente envolvido na pesquisa que venho levando a efeito e espero contribuir com todos aqueles que também vêm se dedicando a essa instigante busca de um novo paradigma em educação. Não pretendo de forma alguma esgotar questões tão amplas e paradoxais, pedindo vênia àqueles que me leem para o que foi observado.

Para encerrar este item, transcrevo um trecho poético utilizado para orientar a autoavaliação proposta aos alunos ao final do semestre, após o trabalho com as transformações.

Transformações

O momento de transformação é mágico
Há nele uma percepção profunda do momento presente
Há um mergulho no cerne da existência
Há sincronicidade numa grande harmonia de "ser"
É como aquele exato momento em que a lagarta se transforma em borboleta

E voa sem nunca ter voado

E é bela, de uma beleza nunca percebida antes
E é borboleta, depois de um tempo de ser lagarta

A transformação no Homem é como um momento musical
Uma fusão de cores

Uma convergência de energia
Uma percepção do "todo"

É a sincronicidade
A mágica da mutação
O surgimento do "novo"
A revelação de uma face antes escondida

Assim o Homem vai se transformando
E crescendo
E evoluindo
Nas suas múltiplas possibilidades de "virar borboleta"
Buscar a sintonia com a mudança que se aproxima
Ganhar consciência da nova transformação
E fazer história
E estar presente no coração do mundo

Transformando-se a si mesmo
Deixando seu sinal de amor naquele que passa e sente a mudança

Deixando seu traço no ambiente que se renova
Deixando seu rastro no caminho percorrido como sinal de esperança

Assim caminha o Homem que se abre às transformações

Transcreverei a seguir alguns trechos de autoavaliações de alunos feitas com base no trabalho realizado e no texto poético oferecido.

[...] pois se o educador não tomar consciência das suas transformações não conseguirá transformar seus educandos e seus relacionamentos em geral. Mas devemos ter o velho para transformar no novo sem deixá-lo para trás, como se não servisse para nada. Afinal, é por meio do velho que construímos o novo, por meio do passado que nasce o futuro [...]. Quando descobrimos que estamos transformados (apesar de essas transformações ocorrerem num clima de medo, conflito, ansiedade etc.), nos dá um imenso prazer, por estarmos vivos e prontos para novos caminhos, já que a transformação não tem limites. E o que tudo isso tem a ver com a educação, que importância tem isso para o currículo? Tem tudo, mas tudo mesmo, a ver, pois, se o educador estiver consciente dessas transformações, se ele sentir prazer de viver [...], é claro que ele transformará a sala de aula, num clima prazeroso e de amor. E esse esquema se torna rua de mão dupla, ou seja, tanto o educando como o educador aprendem e crescem. O trabalho foi bom, é difícil que um "curso" ou uma "disciplina" nos dê tanta ligação com a prática como esta nos deu.
(C.C. – autoavaliação – pedagogia – PUC/SP – 1989)

Ao nos conscientizarmos dessas transformações sentimos a possibilidade de atuação, porque poderemos refazer algo no sentido de construir melhor... Ao pensarmos sobre esse enfoque, nos voltamos à nossa própria identidade e dela partimos para caminhos novos, para práticas novas. (L.F.L. – autoavaliação – pedagogia – PUC/SP – 1989)

No texto, passamos de uma visão obscura para uma visão otimista da realidade, constatando mudanças a cada segundo ao nosso redor. Há uma integração total de todo o ser... A percepção e a tomada de consciência das transformações, a queda de padrões ultrapassados, a tentativa sempre crescente de melhorar as condições de vida estiveram sempre presentes nas aulas... Tais mudanças passariam despercebidas se considerássemos sempre como vitória a chegada ao topo da montanha mais alta do Himalaia. Há os pequenos montes a serem escalados antes de conquistarmos o Everest... Pensei dias e noites para fazer o trabalho que me pediu, até dentro do ônibus, em outras aulas e no meu serviço... Na hora em que ele foi iniciado, foi como se houvesse uma abertura no tempo e tudo ficasse descoberto. Nesses momentos, vê-se o tanto que temos a falar e o tanto que temos a entender... Sempre faltará o que falar e provavelmente sempre faltará o que ouvir... (V.P.P.L. – autoavaliação – pedagogia – PUC/SP – 1989)

7. A TRANSGRESSÃO DE UM SABER DISCIPLINAR

Ao tratar da disciplina, Stanislav Grof disse:

No momento, é claramente impossível integrar todos os diferentes desenvolvimentos revolucionários da ciência moderna, discutidos nesse capítulo, a um novo paradigma coerente e conclusivo. Todos eles, entretanto, parecem ter uma coisa em comum: uma profunda crença de que a imagem mecanicista do universo criada pela ciência newtoniana-cartesiana não deveria mais ser considerada como um modelo preciso e mandatório da realidade. Tornou-se obsoleto e foi relegado aos arquivos históricos da ciência o conceito do cosmos como sendo uma supermáquina gigantesca, formada por incontáveis objetos separados e existindo independentemente do observador. O modelo atual mostra o universo como uma rede de eventos e relações, unificados e indivisíveis, cujas partes representam diferentes aspectos e modelos de um processo integral de complexidade inimaginável. É essencial que um paradigma surja das necessidades de nossa própria disciplina e que tente construir pontes com outras em vez de competir com elas. (1987, p. 44)

A transgressão de um saber disciplinar, como a anterior, decorre da consciência da ausência de um universo estático, compartimentalizado. A interdisciplinaridade é consequência inexorável de uma nova visão acerca do homem e do mundo que, como Teilhard de Chardin afirmou, passou da análise para a síntese.

Portanto, se a mutação permanente é a característica básica do universo que agora se desenha para o homem, como estabelecer muros "disciplinares" no saber? A fragmentação do saber tem sido provocada pela fragmentação do pensamento. Baseando-nos mais uma vez no *Cogito, ergo sum* de Descartes, iniciamos um processo de cristalização do(s) pensamento(s), criando inúmeras especialidades e disciplinas, de acordo com as diversas teorias propostas.

O próprio Teilhard de Chardin, em sua obra, reconhece a importância do insano trabalho de análise desenvolvido, porém considera fundamental que se chegue finalmente a uma síntese. Não se trata de desprezar o caminho percorrido, e sim de reunificá-lo, tendo em mente a ideia de que o ponto de partida de todo saber é comum, assim como a energia presente no universo é a mesma em todos os pontos.

Chegou o momento de percebermos a estreita ligação entre as chamadas disciplinas, por mais díspares que possam parecer. A tentação de formar um universo à parte com uma disciplina específica é uma etapa a ser superada. O sentido último do saber dependerá sempre da visão de todos os especialistas, numa profunda harmonia entre as diversas descobertas.

Minha prática educativa foi, antes de tudo, uma prática interdisciplinar, quer por trazer para a sala de aula uma reflexão holística acerca da realidade, quer porque sempre busquei o concurso das outras disciplinas para o entendimento da realidade trabalhada. Assim, foram fundamentais a influência de psicólogos como Grof, dentre outros, a contribuição especialíssima dos físicos, a quem não me canso de referir, e a colaboração, enfim, de diversos outros ramos do saber.

A transgressão em questão possivelmente tenha sido facilitada pela abrangência que dei ao curso de EPB, porém estou convencido de que qualquer educador, ligado a qualquer disciplina, poderá oferecer aos seus educandos a mesma abrangência se adotar o que poderíamos chamar de "postura interdisciplinar", à qual se refere a professora Ivani Fazenda.

Aliás, tal abrangência já vi presente em diferentes disciplinas com que trabalhei, desde minha prática no ensino fundamental, dentre as quais a de "religião", já mencionada. Cumpre acrescer aqui que, durante certos períodos de meu magistério, ministrei aulas de direito do trabalho e, recentemente, um curso de currículos e programas, em que tentei transmitir aos alunos o mesmo sentido holístico e, consequentemente, interdisciplinar.

Para esclarecer o conceito de "postura interdisciplinar", descreverei minha experiência no curso de direito do trabalho que ministrei. Antes de iniciar o exame de leis, normas ou decretos específicos, procurei demonstrar como o direito do trabalho está vinculado a todos os outros ramos do saber. Utilizei, novamente, os "catorze direitos", com o intuito de permitir uma visão mais ampla da realidade, e pedi aos alunos que indicassem os pontos de encontro entre o direito do trabalho e cada um dos catorze temas. As descobertas foram fantásticas, despertando nos educandos o sentido da unidade do saber. Em seguida, solicitei a eles que, em pequenos grupos, analisassem essas ligações e descrevessem a importância de tais vínculos.

Uma das consequências da atividade foi a realização de estudos interdisciplinares com foco na área, reunindo médicos, economistas, psicólogos e outros especialistas, que contribuíram para a composição de uma visão holística acerca do direito do trabalho como disciplina.

Hoje, diferentes grupos de educadores têm se mobilizado para descobrir como aplicar a interdisciplinaridade a suas práticas. Noto que, em muitos casos, a questão não tem sido entendida em sua dimensão plena, compreendendo-se por interdisciplinaridade uma mera justaposição de disciplinas ou ainda a realização de trabalhos conjuntos de disciplinas estanques. É evidente que a interdisciplinaridade proporcionará a várias disciplinas reciprocidades diversas, como as que citei anteriormente, porém, a postura interdisciplinar vai além dessa mera colaboração, pois implica sempre uma percepção de continuidade no saber. Eu diria que há uma profunda interdependência entre todas as disciplinas, o que fica patente quando o "especialista" "destrói por dentro" as barreiras construídas em torno de seu trabalho.

O elemento mais grave do ensino chamado disciplinar é a importância que cada especialista procura dar à sua área de conhecimento, buscando inferiorizar as demais disciplinas. Como exemplo, basta citar a situação das matérias da área de humanas nos cursos de ciências exatas ou técnicos, já mencionada neste livro.

A tarefa de curar essa "patologia do saber", como diz Japiassu (1976), é vital para o momento de evolução que vivemos.

Para terminar esta parte do trabalho, retomarei a obra *A pedagogia Waldorf*, de Rudolf Lanz:

> Cada professor deveria ter sempre presentes a evolução do indivíduo e a da Humanidade, pois participa ativamente de ambas. Ele sabe que cada matéria (da qual é mensageiro para seus alunos) está integrada num cosmo total. Sabe também que as ciências têm um lugar importante na visão geral do mundo, mas não a constituem. (1986, p. 68)

Ou seja: na visão da pedagogia Waldorf, percebe-se a mesma postura interdisciplinar aqui descrita, sendo relevante notar o destaque dado à questão da evolução do indivíduo e da humanidade, porque tal enfoque ilumina a questão. De fato, se analisarmos a história poderemos perceber quanto a ciência pretérita mudou em seu percurso, ficando hoje a certeza quanto à impossibilidade de fazermos afirmações científicas definitivas como outrora acontecia.

Assim, a consciência a respeito da evolução do homem, também evocada por Teilhard de Chardin (1995), remete-nos ao sentido de integração do saber, que é o pressuposto da chamada prática interdisciplinar.

8. A TRANSGRESSÃO DA AVALIAÇÃO FORMAL

Decidi transcrever longo trecho a seguir, sobre o processo de avaliação, da referida obra de Lanz exatamente em virtude das observações que o autor faz a respeito do sistema vigente de provas, tão enraizado que aqueles que o contrariam são tidos praticamente como seres de outro planeta.

Nas escolas tradicionais, o rendimento de cada aluno em cada matéria é quantificado e comparado com um ideal que não existe na prática. O quociente dessa divisão constitui sua nota, a qual decide sobre a aceitação ou não aceitação do aluno para determinados estudos e profissões. Sistema tão arraigado que ninguém questiona sua lógica nem emite dúvidas a respeito.

Um sistema pedagógico escolar que visa à formação e não ao fichamento cadastral dos jovens tem que entender por "avaliação" algo totalmente oposto. Ele avaliará a personalidade e caracterizará suas várias facetas em vez de apenas medir o seu rendimento. Se julga os resultados, fá-lo comparando-o não com modelos abstratos, mas com a potencialidade do aluno. Por isso, as escolas Waldorf não se baseiam em provas, testes, sabatinas e exames, em que a matéria já é preparada de forma a servir facilmente para fins estatísticos. Elas julgam todos os fatores que permitem avaliar a personalidade do aluno e que seriam: o trabalho escrito, o aplicação, a forma, a fantasia, a riqueza de pensamentos, a estrutura lógica, o estilo, a ortografia e, além disso, obviamente os conhecimentos reais. Mas o julgamento geral sobre o aluno levará em conta o esforço real que fez (ou não fez) para alcançar tal resultado, seu comportamento, seu espírito social. (Rudolf Lanz, 1986, p. 91)

Pois bem, nunca impus a tradicional prova a meus alunos nestes mais de quarenta anos de magistério incluindo distintos graus e disciplinas. Sempre tive em mente, em parte por minha experiência como aluno de um conservador ginásio do estado, a ideia de que a avaliação não poderia depender de uma simples prova.

Não tenho dúvida de que a prova é um claro símbolo da influência do racionalismo na educação. A visão fragmentada acerca do homem que é apregoada pelo racionalismo é responsável por esse sistema avaliatório tão precário, o qual ignora diversas facetas do ser humano.

O sistema de provas desconsidera o corpo emocional do aluno, que é submetido diversas vezes à violência de um ato de julgamento simplista. A carga trazida pela ansiedade oriunda da expectativa do próprio aluno, acrescida das expectativas familiares – tantas vezes marcadas pela possibilidade de castigos ou punições, ainda que velada –, transforma uma simples prova em verdadeiro suplício.

Sempre pude observar em minha prática o prazer dos alunos durante a realização dos trabalhos de avaliação a que periodicamente os submeto. Consistem em atividades em dupla, em sala de aula, com a discussão de questões relativas ao conteúdo apresentado no período. Outras vezes peço que individualmente escrevam, também em sala de aula, o que aprenderam com a matéria dada.

Findo o semestre, após a proposição de outros exercícios escritos e orais, dependendo da matéria trabalhada, com uma autoavaliação, uma longa redação individual a qual, como já mencionei neste trabalho, deve basear-se em um confronto entre um texto poético, que preparo especialmente para a ocasião, e a matéria discutida em classe.

Enfim, desse modo o aluno conta com várias oportunidades para revelar aquilo que aprendeu, de forma original, pessoal, além de apreciar seu próprio comportamento no processo. Nunca tive problemas de indisciplina ou de ausência de alunos em classe, apesar de meu controle de frequência não ser a tradicional chamada ou lista de presença. Anoto a presença com base nas variadas tarefas dadas de uma aula para outra e na verificação de seu cumprimento. Aos alunos mais ausentes costumo atribuir tarefas extras relacionadas à leitura obrigatória de livros cujo conteúdo lhes permita acompanhar o que foi trabalhado em classe. Após a leitura do livro, marco uma reunião para discutir com o(a) aluno(a) o que foi lido.

É preciso que a avaliação e a disciplina não transformem a escola num local repulsivo para o aluno. A avaliação tem de ser entendida como algo inerente a todo o processo educacional, com caráter permanente e global. Todo o processo deve ser avaliado no próprio momento em que ele acontece, e assim o aluno, como parte fundamental de tal processo, estará, igualmente, sendo avaliado. É preciso afastar o "momento da avaliação", da mesma forma que é preciso afastar a ideia de uma avaliação apenas de "conteúdos". Os alunos, por deformação existente no sistema educacional, somente "estudam" quando há provas, priorizando as matérias com maior índice de informação (seja em virtude de conteúdos mais complexos, seja pela postura do professor) em detrimento das consideradas "fáceis" ou "menos importantes".

Esse resultado herdado da escola positivista é trágico. Mesmo nas universidades, inclusive onde estudei (na Faculdade de Direito da Universidade de São Paulo), a semana de provas é sagrada. Na época em que fui aluno, chegava-se à loucura de permitir aos alunos sem frequência suficiente a realização do chamado "exame vago".

A consequência da ênfase dada às provas é a desvalorização de uma disciplina em relação à outra: o aluno "precisa de nota" em uma e "já passou" em outra.

Além dessas distorções que fazem que o aluno deixe a sala de aula para que possa estudar para provas de outras matérias, há o caráter incrivelmente competitivo estabelecido pelas notas, com indivíduos com personalidades medíocres frequentemente apresentando-se como "vencedores" pelas notas obtidas. Os professores sabem que várias circunstâncias alheias ao verdadeiro conhecimento influenciam a nota, desde a habilidade para "colar" até a inata capacidade de memorização.

Enfim, creio que essa questão está a merecer séria reflexão, e deixo registrado que consegui transgredir esse sistema de provas em minha prática sem prejuízo de conteúdos; pelo contrário, inexiste a possibilidade de que a "cola" ou a "sorte" garantam ao aluno melhor conceito.

Sei perfeitamente que muitos educadores estão buscando alternativas para esse problema da avaliação. Quando trabalhei na área da educação básica, buscava-se substituir a nota pelo conceito, visando minimizar parte das questões aqui levantadas. Porém, era tão estruturado o antigo sistema de notas a ponto de vários orientadores afirmarem que notas de oito a dez equivaliam ao conceito A e assim por diante. Evidentemente, os alunos percebiam essa correlação, e então se instalava um novo fator perverso na avaliação: a insegurança do aluno diante dos "conceitos"...

Sinto que a solução da questão deve passar por uma rigorosa revisão do problema, com o fim do paradigma cartesiano e a busca de um novo paradigma que permita a reorganização da matéria. Não tenho dúvida de que a pedagogia Waldorf antecipa-se, em larga medida, na revisão desse tema tão vital para a educação.

Termino esta seção com mais um trecho extraído da obra *A pedagogia Waldorf*, de Lanz:

> Não é exagero afirmar que a crise da educação é, no mundo inteiro, assunto que beira à calamidade. Basta ouvir, entre milhares de vozes, a de um Illich, que se expressa em formulações contundentes (em *Deschooling Society*): "A indústria do saber [...] o conhecimento é uma mercadoria que se oferece no mercado da instrução [...]. Os valores institucionalizados que a escola instila são de natureza quantitativa. A escola introduz os jovens num mundo em que tudo é mensurável, também sua fantasia e até o próprio homem [...]. A escola pretende desmembrar

o ensino em compartimentos, embutir no aluno um currículo composto desses blocos pré-fabricados e ler o resultado numa escala internacional". (1986, p. 65)

Nota-se a contundência das observações feitas e ao mesmo tempo constata-se a dimensão planetária do problema. Daí minha insistência em afirmar que estamos diante de uma mudança de paradigma nas ciências prestes a definir-se, dadas as intensas buscas que vêm sendo levadas a efeito.

9. A TRANSGRESSÃO DO CORPO ESPIRITUAL

Os três textos a seguir, embora escritos em situações distintas, em contextos diferentes, apresentam uma mesma e desafiadora questão: teria chegado o momento do encontro entre ciência e fé, como vem sendo apregoado há algum tempo?

Se a vida tem um significado mais alto e mais amplo, que valor tem nossa educação se nunca descobrimos esse significado? Podemos ser superiormente cultos; se nos falta, porém, a profunda integração do pensamento e do sentimento, nossas vidas são incompletas, contraditórias e cheias de temores torturantes; e, enquanto a educação não abranger o sentido global da vida, bem pouco significará. [...]
O saber técnico, embora necessário, de modo algum resolverá as nossas premências interiores e conflitos psicológicos; e porque adquirimos saber técnico sem compreender o processo total da vida, a técnica se tornou meio de destruição. O homem que sabe dividir o átomo, mas não tem amor no coração, transforma-se num monstro (Krishnamurti, 1955, p. 9 e 17)

No século XX, contudo, os físicos penetraram a fundo no mundo submicroscópico, em regiões da natureza muito afastadas do mundo macroscópico em que vivemos. O nosso conhecimento da matéria nesse nível já não provém da experiência sensorial direta; em consequência, a linguagem comum já não é mais adequada para descrever os fenômenos observados. Os físicos nucleares proporcionaram aos cientistas os primeiros vislumbres da natureza essencial das coisas. Como os místicos, os físicos passaram a lidar com experiências não sensoriais da realidade e, também como eles, tiveram de enfrentar os aspectos paradoxais dessas experiências. A partir desse momento, os modelos e as imagens da física moderna tornaram-se vinculados aos da filosofia oriental. (Capra, 1988, p. 26)

[...] então é preciso reconhecer que sobe rapidamente diante de nós a probabilidade de um ponto crítico de maturação em que o Homem totalmente refletido sobre si mesmo, não apenas individualmente, mas também coletivamente, terá atingido, seguindo o eixo das complexidades e com seu máximo de impacto espiritual, o limite do Mundo, sendo essa uma perspectiva gradualmente preparada pelo estabelecimento, que já se esboça nas Ciências, de uma cosmovisão comum a toda consciência humana. (Chardin, 1988, p. 34)

Eu encararia a questão de forma distinta: posso afirmar, graças a minha prática educativa, a possibilidade concreta de levarmos o educando a um autoconhecimento que implique a percepção não só da existência de um corpo físico, um corpo emocional e um corpo mental, mas também de um corpo espiritual.

Sei o risco que corro ao anunciar essa transgressão, porém sei também de sua fundamentalidade em todo o meu trabalho. Uso a expressão "corpo" para apresentar uma distinção entre o físico, o emocional, o intelectual e o espiritual sem que isso implique qualquer fragmentação do ser humano.

Dada a delicadeza do tema, transcrevo a seguir mais algumas linhas que entendo fundamentais, também extraídas do livro *O pensamento vivo de Teilhard de Chardin*:

Se uma pedra, por exemplo, é muito maior que um vírus em tamanho (pelo número de elementos que associa), é muito menor em termos de complexidade (no modo como combina e sintetiza seus elementos a serviço de sua totalidade)... Se a Via Láctea tem um sextilhão de quilômetros de extensão, um corpo se compõe, correlatamente, de um sextilhão de átomos incalculavelmente organizados entre si... Nessa linha, abre-se no Mundo uma nova direção, um terceiro infinito entre o ínfimo e o imenso, o infinitamente complexo... Segundo, que nessa linha de complexificação é verificável a manifestação crescente de um foco íntimo de organização e integração, força unificadora dos elementos materiais que constituem cada ser (partículas em torno de um núcleo, átomos na molécula, molécula na célula...) – o seu Dentro, a sua interioridade, e, por que não dizer, espiritualidade, em função da qual ele é mais. Nesse sentido, um micróbio é mais que um cometa: sua complexidade faz dele um ser orgânico, e o seu Dentro se manifesta numa capacidade original de se alimentar, crescer, reproduzir-se... E assim ao longo de todo o eixo de complexificação: tactismos nas células, forças vegetativas (e "vida secreta") nas plantas, instinto nos animais (quanto mais complexos, mais inteligentes) e, por fim, consciência e liberdade criadora no Homem, que, máxima manifestação de complexidade, no presente patenteia que também a Consciência é crescente. (1988, p. 51)

Constate-se a relevância do trecho anterior, em particular para o educador. Percebi desde o início de minha docência como é importante que o educando possa conhecer-se nas várias dimensões de sua complexidade, até o limite hoje presente do espiritual. Digo hoje presente pensando na ciência, pois evidentemente as várias filosofias e religiões sempre abordaram a questão.

Assim, a grande novidade está na reflexão científica hoje possível a respeito dessa ampla dimensão da personalidade humana. Obviamente isso constitui uma revolução. Não tenho dúvida de que, ao tangenciarmos essa matéria, estaremos a exigir um novo paradigma das ciências que deixe de classificar como "não científico" qualquer avanço nessa direção.

O posicionamento que vejo como ideal para o educador, com base nessa transgressão, associa-se ao tratamento da questão da espiritualidade "independentemente das religiões". Dessa forma, cada educando terá respeitada sua religião (ou ausência de religião), o que não impedirá que o tema da identidade do aluno seja trabalhado em sua globalidade.

Transcrevo adiante dois textos que preparei recentemente para um trabalho com meus alunos envolvendo essa questão:

Vazio

O espaço é que permite o uso da xícara
O silêncio entre duas notas musicais é que permite distingui-las
O vazio interior é que nos dá forma
Há assim um universo explícito
Das formas
Dos sons
E um universo implícito
Vazio de formas e de sons perceptíveis
Mas carregado das primícias temporais

O Homem é a ponte entre os dois universos
É vazio e tem forma
Se prende-se nas formas
Distancia-se da plenitude

Buscar esse vazio interior
É buscar a profundidade de sua identidade
O sentido pleno da existência
A fonte única da harmonia e da beleza

Nenhum esforço
(Tal como o entendemos no cotidiano)
Conduzir-nos-á a esse vazio
Somente a quietude da forma
O silêncio interior
Poderão nos conduzir à comunhão com esse vazio
Pleno

Infinito
Luminoso

Será a descoberta de nós mesmos
A possibilidade do encontro com cada um
Na identidade desse "vazio" comum
Na plena descoberta da Vida

(Texto inspirado na teoria do universo explicado e implicado, do físico David Bohm.)

O tempo e a eternidade

Há um fluir no tempo
Há mutações a cada instante
Mutações no meio ambiente
Mutações no ser humano

Permanece o essencial
Permanece o sentido fundamental
Que frequentemente escapa ao Homem
Que escapa de si mesmo

O pensamento é cambiante
Flui como o tempo
É instável
Embora o homem insista em torná-lo permanente

Tal permanência é sofrida e faz sofrer
"Paralisa" o tempo, criando a rotina
Tenta paralisar as transformações
Impedindo a criatividade e a evolução

Somente o autoconhecimento
Abre as portas da percepção

Libertando a consciência
Liberando os pensamentos

O tempo somente permanece para o pensamento cristalizado
Para a consciência acorrentada
Para sustentar a ansiedade básica
Presente no homem que não se libertou, não cresceu

Eternidade é o oceano da gota d'água, chamada tempo
Eterno é o espírito humano nascido da consciência liberta
O tempo existe para a lagarta se transformar em borboleta
Para o homem aperceber-se da eternidade

Vencer o tempo é nascer de novo
É deixar a ansiedade pela plenitude insuspeitada
É descobrir o Amo, que "liga" os "tempos"
E é o tecido da eternidade

Reproduzo a seguir alguns trechos de autoavaliações de alunos, referindo-se ao tema:

O homem não é só razão, e sim um misto de emoção, razão e espírito. A consciência do que acontece dentro de mim, à minha volta, com meu companheiro, é que dá um sentido à vida... O ponto fundamental do texto e do curso é o que se refere à importância de conhecer a história do ser humano, tanto a sua própria história como a do outro... Valeu a pena discutir o mistério humano. (R.F. – autoavaliação – matemática – PUC/SP – 1989)

Estar presente não é o bastante. É preciso mergulhar na plenitude do existir, o que só é possível quando sabemos quem somos e vivemos cada instante no mundo a fim de marcar presença... O educador atingirá a globalidade das questões educacionais quando, primeiro, definir-se, for além da prática diária. Assim, o educador está para renascer e, com ele, novos significados. O currículo também está para renascer, e marcará presença no mundo educacional pelo seu fluir, que é o resultado do fluir do homem, é a superação, a transformação...

O trabalho individual foi o meu momento de reflexão, definição e posicionamento diante de tudo que me aflige como educadora e mulher. Repensar me fez ver de forma mais abrangente, me fez ter saídas e ver a luz no fim do túnel. Pudemos nos aprofundar e refletir sobre temas que muitas vezes nos angustiam – e não costumamos reservar o tempo necessário para isso... Por meio dessa reflexão pude perceber como a minha mente e a minha vida estão em constante mutação... A mudança é necessária para viver bem consigo mesmo. Aos poucos vamos aprendendo a entender o mundo que nos cerca. E mesmo ele está em constante mutação... Numa das reflexões eu percebi que a minha qualidade de vida só depende de mim e do fato de as coisas serem mutáveis. (C.A. – autoavaliação – computação – PUC/SP – 1989)

É muito comum nos desanimarmos diante de nossas práticas corriqueiras, do dia a dia, que nos deixam sem espaço para discussão, debates e análises. As frustrações e angústias são imediatas e constantes, deixando-nos inertes... Definirmo-nos como educadores é essencial, mas como fazê-lo em uma prática irrefletida? Como transpor a barreira do medo de saber, dos preconceitos em relação ao novo, da falta de liberdade? O que fazer quando somos injustamente avaliados como os únicos causadores de todos os conflitos escolares? [...] Como trabalhar a realidade do aluno sem defini-la pela realidade do educador? [...] Atualmente é necessária uma postura crítica diante do que realizamos. Refletir sobre a prática é fundamental para uma tomada de decisão coerente... As transformações não vão ocorrer somente porque eu percebo o homem como ser global, real, inserido numa sociedade que privilegia um processo educativo voltado para a aceitação, o comodismo e a passividade, muita passividade... A escola necessita redefinir sua atuação, para que ela seja o elo entre o indivíduo e a sociedade, sem visar ao ajustamento mas sim ao questionamento diante do que faz. (M.O.G. – trabalho final – currículos e programas – PUC/SP – 1990)

CONCLUSÃO

Creio que não seja uma conclusão. É um início. Até aqui descrevi, com muita paixão e ternura, boa parte de minha experiência docente com grande esperança de que sirva como abertura de caminho para os que, como eu, buscam o que chamo de novo paradigma em educação.

Pretendo prosseguir na tarefa começada, continuando a perseguição a esse paradigma, pretendendo construí-lo juntamente com tantos companheiros que conheci quando cursei o mestrado (Programa de Supervisão e Currículo da PUC/SP).

No Apêndice 2 deste livro ("O trabalho e eu"), apresento o texto integral de um trabalho desenvolvido por um aluno do curso de física, no qual ainda hoje leciono EPB, que consegue revelar em suas reflexões aquilo tentei transmitir em minhas observações: a possibilidade de partirmos da identidade do educando e chegarmos aos "problemas brasileiros". Mais ainda, o trabalho traz a revelação de que o todo está na parte, destacando a relevância daquilo que denominei de "holismo". Textos como esse permitem que ocorra a redação dos "momentos de transformação", abordados no Apêndice 1 ("A questão das transformações").

Assim, distintos alunos, partindo de aspectos diferentes de sua vida, vão, como no texto aqui oferecido, convergindo em direção à revelação da realidade ampla do universo em que vivem.

Voltando ao trabalho do aluno de física, chega a ser dramático o momento em que ele afirma: "Agora não compreendia o fato de as pessoas, em nome de uma vida melhor, trabalharem, trabalharem e não serem felizes".

Ou ainda: "Quando completei 14 anos, alegando que eu já estava em idade de trabalhar e que a família necessitava de mais dinheiro, impuseram-me o 'trabalho'".

Destacam-se duas questões altamente significativas relacionadas à realidade brasileira: a *infelicidade do trabalhador* e a *ida do menor, contra sua vontade, para o mercado de trabalho*.

Adiante afirma: "Enquanto eu começava a trabalhar, meu pai era literalmente jogado para fora de seu emprego [...]".

Ou seja, ao resgatar sua biografia, o aluno revela um doloroso fato: a substituição do trabalhador de meia-idade, considerado imprestável (o que tantas vezes equivale à realidade, em face das más condições do labor), pela mão de obra impúbere.

Enfim, a leitura integral do texto corresponde a uma verdadeira aula de sociologia, rendendo uma ampla atividade com os alunos. Aliás, pode-se dizer que esse texto contém implicações educacionais, psicológicas, sanitárias e culturais. Uma atenta leitura revelará a amplitude de nossa sociedade.

O objetivo de trazer para o contexto deste livro o trabalho desse aluno é permitir que se observem resultados concretos de uma pedagogia que entendo essencial nos diversos graus de ensino.

Para encerrar, apresento uma última afirmação, que para mim talvez seja a mais importante de toda a reflexão: vivemos envolvidos num universo de energia, que pode ser chamada de amor – o nome mais apropriado para nossa compreensão. Esse amor começa a se manifestar na criança sob a forma do brincar, que tantas vezes se vê bloqueado por uma educação excessivamente racionalista, a qual se resume nesta frase: "Você só poderá brincar após os estudos".

Para a criança, o brincar nada mais é do que o amar. Essa ideia segundo à qual a vida é algo lúdico não deveria ser perdida pelo adulto.

Acredito que a incapacidade de amar de tantos adultos resulta dos bloqueios iniciais impostos ao seu brincar. A criança deve desenvolver o estudar ao lado do brincar, sem que o primeiro se torne repulsivo e sem que o segundo se torne proibido ou desimportante.

Outro erro cometido no processo educativo é a confusão estabelecida pelos jogos educativos. Mistura-se o brincar com o estudar, com a desvalorização de dois momentos que deveriam se desenvolver íntegra e autonomamente, sendo ambos fundamentais.

Por fim, alguns educadores enfatizam exclusivamente os jogos competitivos, o que também descaracteriza a natureza criativa e amorosa da brincadeira.

Creio que o educador deva brincar e estudar com seus alunos em dois momentos distintos. A integração desses momentos dar-se-á na percepção do sentido profundo de ambos, que envolve a criatividade e o prazer. O criar está naturalmente presente no brincar, assim como o prazer. De outra parte, o estudar deverá despertar, crescentemente, a criatividade presente no ser humano, para que, enfim, o educando perceba o *prazer de aprender*; esse prazer tem sutil diferença em relação ao *estudar*, que por sua vez se tornará natural consequência do processo.

Tudo isso para dizer que o ideal é que o educando chegue à idade adulta sem perder o sentido lúdico da vida e o prazer de aprender e criar. Entendo que por trás dessa postura está a suprema energia que a palavra "amor" tão bem define.

Martine Mauriras-Bousquet, doutora em Letras e Ciências Humanas e vinculada ao Setor de Educação da Organização das Nações Unidas para a Educação, a Ciência e a Cultura (Unesco), assim se expressou na publicação *Correio da Unesco*: "Brincar significa não exigir da vida, por um momento, nada além do que ela é, não lhe cobrar nenhuma finalidade que não seja ela própria" (1991, p. 6).

Também afirmou que

A civilização essencialmente materialista em que vivemos é dominada pelo desejo da falta: é toda estruturada na direção do progresso, ou seja, na verdade sobre a invenção contínua de novas necessidades. Para ela, o lúdico é o inimigo e se define em termos negativos: é o que não é sério. Na prática e na teoria, o lúdico se vê marginalizado. Para neutralizá-lo, é preciso confiná-lo a ocasiões excepcionais (as festas) e a atividades bem delimitadas (os jogos). (*Ibidem*)

Não tenho dúvida de que a delimitação do lúdico, como referido, equivale à delimitação do amor. Daí a crise de violência vivida nos dias de hoje e a necessidade de uma fundamental renovação do projeto educacional, começando na pré-escola, para que deixemos de formar simplesmente homens "sérios", sem capacidade de amar a vida.

Teilhard de Chardin possui preciosa obra denominada *Sobre o amor*, da qual extraí a seguinte passagem:

> Na verdade, será possível à Humanidade continuar a viver e a se expandir sem se perguntar com franqueza sobre o que deixa escapar, de verdade e de força, no seu incrível poder de amar? Do ponto de vista da evolução espiritual aqui admitido, parece que poderíamos dar um nome e um valor a essa estranha energia do amor. Não seria ela simplesmente, na sua essência, a própria atração exercida, sobre cada elemento consciente, pelo "centro" em formação do Universo? O apelo à grande união, cuja realização é o único feito por ora em curso na natureza? Nesta hipótese, segundo a qual (conforme os resultados da análise psicológica) o amor seria a energia psíquica primitiva e universal, não se tornaria tudo mais claro à nossa volta para a inteligência e para a ação? (1979, p. 123)

O mesmo Teilhard de Chardin, em outra obra incrivelmente atual, *O meio divino*, declara:

> Olhamos ao nosso redor: as ondas vêm de toda parte e dos confins do horizonte. Por todas as vias, o sensível nos inunda com as suas riquezas: alimento para o corpo e repasto para os olhos, harmonia dos sons e plenitude do coração, fenômenos desconhecidos e verdades novas, todos esses tesouros, todas essas excitações, todos esses apelos vindos dos quatro cantos do Mundo atravessam a cada instante a nossa consciência. Que

vêm eles fazer em nós? Que farão em nós, mesmo que, como maus trabalhadores, nós o recebamos passiva ou indistintamente? Misturar-se-ão à vida mais íntima de nossa alma para desenvolvê-la ou envená-la. Observemo-nos por um minuto que seja e ficaremos persuadidos disto até o entusiasmo ou a angústia. Se o mais humilde e o mais material dos alimentos já é capaz de influir profundamente em nossas faculdades espirituais, que dizer das energias infinitamente mais penetrantes vinculadas à música dos matizes, das notas, das palavras, das ideias? Não há em nós um corpo que se alimente independentemente da alma. Tudo que o corpo admitiu e começou a transformar, é necessário que a alma por sua vez o sublime. Ela faz isso com a sua dignidade e à sua maneira, sem dúvida. Mas não pode escapar desse contato universal, nem desse labor de todos os instantes. Assim, vai-se aperfeiçoando nela, para a sua felicidade e correndo riscos, a capacidade particular de compreender e amar, que constituirá a sua mais imaterial individualidade. (1957, p. 27)

Incrível o poder de Chardin de sintetizar questões dessa natureza! Transcrevi os textos anteriores pois sei o peso de muitas afirmações que aqui venho fazendo. Não obstante sejam resultantes de minha prática educativa, considero necessário buscar seu fundamento, já que envolvem tantas questões polêmicas e paradoxais. Creio que Chardin foi um grande mestre, abrindo-me as portas da percepção da educação em seu sentido pleno.

Note-se que, ao se referir Chardin à nossa capacidade de observação da vida que nos rodeia, fica patente a importância daquele olhar da criança de 10 anos que se deslumbra com pedras coloridas ou asas de borboleta, pois o brincar não está só na inter-relação desenvolvida nos folguedos infantis, mas naquele descobrir de mundo pela criança entre fascinada e apaixonada.

E quantas vezes nós, "adultos", não apagamos essa chama que deveria ser crescente nas descobertas e na paixão? Até mesmo na Bíblia é mencionada a importância de sermos como crianças: "E disse: 'Em verdade vos digo que, se não vos converterdes e não vos fizerdes como meninos, de modo algum entrareis no reino dos céus'" (Mateus, 18:3).

Recentemente, Capra e outros, percorrendo, de certa forma, trilhas intuídas por Chardin, chegaram a resultados de rigorosa similaridade com o pensamento do insigne autor.

Termino com duas observações. A primeira foi extraída da introdução do livro *Natureza e espírito*, de Gregory Bateson – eminente biólogo e antropólogo contemporâneo, falecido em 1980 –, e reforça o que afirmei nas últimas linhas.

> Este livro é construído sobre a mensagem de que nós somos parte dum mundo vivo. Em epígrafe, coloquei no início deste capítulo um trecho de Santo Agostinho, no qual a sua epistemologia está claramente exposta. A maior parte de nós perdeu aquele sentido de unidade da biosfera e da humanidade, o qual nos iria unir e tranquilizar com uma afirmação de beleza. Hoje a maior parte de nós não acredita que, sejam quais forem os altos e baixos da nossa própria e limitada experiência, tudo é essencialmente belo [...].
> Estamos a começar a jogar com ideias pertencentes ao campo da ecologia, e apesar de canalizarmos imediatamente estas ideias em termos comerciais ou políticos, existe ainda, pelo menos, um impulso do peito humano para unificar, e deste modo santificar o mundo natural total, de que fazemos parte. (1987, p. 26)

A segunda será feita por meio de texto poético que dedico a todos os que colaboraram para este trabalho:

Nascer da consciência

Há um imenso universo à nossa volta
Luminoso
Infinito
Repleto de formas e de sons

Há um microcosmo também infinito à nossa volta
Das belas margaridas do campo

Às incríveis abelhas em suas colmeias
Ao prodigioso mundo dos micro-organismos

O Homem pensa
E vem pensando que por isso existe
Cria o "seu pequeno mundo"
Terrivelmente "seu" e separado do cosmos

O Homem pensa que existe
Uma existência pequena
Limitada
Inexoravelmente mortal

Não percebeu o Homem a Luz de sua consciência
A Luz que brilha nas trevas de seu pensamento
A Luz que comunga com a energia maior do Universo
A Luz que permite profundas transformações

O Nascer dessa consciência
É a superação dos dualismos
Da ciência do bem e do mal
É a ventura plena da liberdade para a qual foi criado

O nascimento para esse universo infinito
Significa a percepção e a descoberta do mistério da Luz
Mistério sutil
Mistério do Amor

BIBLIOGRAFIA

ALVES, Rubem. *Conversas com quem gosta de ensinar*. São Paulo: Cortez, 1984.
BATESON, Gregory. *Natureza e espírito: uma unidade necessária*. São Paulo: Dom Quixote, 1987.
BERTHERAT, Thérèse; BERNSTEIN, Carol. *O corpo tem suas razões: antiginástica e consciência de si*. São Paulo: Martins Fontes, 1977.
CAPRA, Fritjof. *O ponto de mutação: a ciência, a sociedade e a cultura emergente*. São Paulo: Cultrix, 1982.
_____. *O tao da física: um paralelo entre a física moderna e o misticismo oriental*. São Paulo: Cultrix, 1980.
_____. *Sabedoria incomum*. São Paulo: Cultrix, 1988.
CHARDIN, Teilhard de. *O meio divino*. São Paulo: Cultrix, 1957.
_____. *Sobre o amor*. São Paulo: Disful, 1979.
_____. *O pensamento vivo de Teilhard de Chardin*. Coord. Martin Claret. São Paulo: Martin Claret, 1988.
_____. *O fenômeno humano*. São Paulo: Cultrix, 1995.
FAZENDA, Ivani. *Integração e interdisciplinaridade no ensino brasileiro*. São Paulo: Realidade Educacional, 1979.
FERGUSON, Marilyn. *A conspiração aquariana*. Rio de Janeiro: Record, 1987.
FREIRE, Paulo. *Pedagogia do oprimido*. Rio de Janeiro: Paz e Terra, 1970.
_____. *Conscientização: teoria e prática da libertação – uma introdução ao pensamento de Paulo Freire*. São Paulo: Moraes, 1980.
_____. *Educação como prática da liberdade*. Rio de Janeiro: Paz e Terra, 1989.
FREIRE, Paulo; SHOR, Ira. *Medo e ousadia: o cotidiano do professor*. Rio de Janeiro: Paz e Terra, 1987.
GARAUDY, Roger. *Dançar a vida*. Rio de Janeiro: Nova Fronteira, 1980.
GIROUX, Henry. *Escola: críticas e política cultural*. São Paulo: Cortez, 1988.
GROF, Stanislav. *Além do cérebro: nascimento, morte e transcendência em psicoterapia*. São Paulo: McGraw-Hill, 1987.

GUSDORF, G. *La vertu de force*. Paris: PUF, 1957.
JAPIASSU, Hilton. *Interdisciplinaridade e patologia do saber*. Rio de Janeiro: Imago, 1976.
KRISHNAMURTI, Jiddu. *A educação e o significado da vida*. São Paulo: Cultrix, 1955.
_____. *Diário de Krishnamurti*. São Paulo: Cultrix, 1982.
LANZ, Rudolf. *A pedagogia Waldorf: caminho para um ensino mais humano*. São Paulo: Antroposófica, 1986.
_____. *Noções básicas de antroposofia*. São Paulo: Antroposófica, 1988.
MAURIRAS-BOUSQUET, Martine. "Um oásis de felicidade". *Correio da Unesco*, São Paulo, ano 19, n. 7, p. 5-9, jul. 1991.
WEBER, Renée. *Diálogos com cientistas e sábios: a busca da unidade*. São Paulo: Cultrix, 1986.
WILBER, Ken (org.). *O paradigma holográfico e outros paradoxos: uma investigação nas fronteiras da ciência*. São Paulo: Cultrix, 1990.

APÊNDICE I

A QUESTÃO DAS TRANSFORMAÇÕES

Descreverei a seguir, para ilustrar a proposta, tornando-a menos teórica, as transformações hoje presentes e extraídas de reflexões feitas em sala de aula.

1. Relações homem-mulher no que diz respeito à geração de filhos: há uma visão do senso comum centrada na família tradicional, oriunda de alguma forma de casamento, e outra visão que enfatiza a importância do relacionamento do casal em meio a um processo de superação do machismo e estabelecimento de uma relação harmônica, com ampla divisão de tarefas e papéis, tanto no campo produtivo como no doméstico; esse momento de transformação oferece amplo espectro a ser considerado pelo educando – de qualquer nível – ao adquirir consciência da situação do homem e da mulher neste final de século e das perspectivas referentes a um novo modelo para a instituição familiar e a criação de filhos.

2. Mudança na área da saúde: há uma visão do senso comum calcada no seguro médico, nos exames, operações e tratamentos sintomáticos em geral. Por outro lado, há uma perspectiva global do homem e da doença significando a volta do chamado "clínico geral", em oposição ao "especialista". Acompanha tal perspectiva a visão oriental da medicina nas suas diversas linhas energéticas, convergindo para uma reflexão quanto à "autocura"; em todo

esse processo, há um largo caminho a ser trilhado pelo educador ao abordar essa polarização, mostrando as duas visões do senso comum e o potencial transformador aí visível.

3. A questão do meio ambiente: há ainda uma visão do senso comum que indica a necessidade da poluição ambiental, como condição de desenvolvimento; quanto a esse tema, a consciência ecológica já avançou bastante, predominando hoje uma visão conducente à preservação do meio ambiente. Para o educador, é fundamental o trabalho envolvendo o potencial de transformação aí presente, com a exposição dos diversos aspectos de defesa do meio ambiente. É indicado abordar desde a questão da contaminação do ar e da água até os aspectos visuais e auditivos da poluição – isso sem esquecer as questões vitais do desmatamento e da extinção de espécies animais.

4. A questão da alimentação: há uma visão do senso comum que privilegia a quantidade de alimentos, sendo muito influenciada pela intensa publicidade existente na área e resultando no consumo excessivo de alimentos de baixo valor nutritivo, sendo alguns, inclusive, altamente danosos ao organismo. O outro lado surge com as várias propostas de alimentação natural que acabam por representar um momento fundamental de transformação, exigindo uma consciência crítica em relação à propaganda e respeito no que concerne ao próprio corpo. O educador tem aí um largo espaço para reflexão, o qual, como nos demais itens, é extensivo aos diversos graus de ensino, com adequação do "tom" e da profundidade.

5. A questão do afeto: há uma visão do senso comum que revela a presença de tabus e "má consciência" em relação às manifestações afetivas mais amplas – que envolvem a expressão corporal –, mesmo no meio familiar, no qual pode ser observado o fenômeno da dificuldade do toque entre as pessoas, especialmente as de sexo oposto; o afeto ou amor torna-se "discursivo", estendendo-se às escolas. Em contrapartida, há as diversas propostas de trabalho corporal, desde a abordagem corporal propriamente dita aos vá-

rios trabalhos, alguns de linha oriental, visando ao desenvolvimento da sensibilidade e ao afloramento da afetividade. O momento de transformação aqui é mais sutil, mas fundamental dentro do processo educacional; há extraordinário poder transformador na passagem de um polo a outro. Quando essa passagem não ocorre, tem-se uma situação como a da Fundação Casa, por exemplo, que concede o direito à vida, à saúde e à alimentação aos seus internos porém não lhes dá exatamente o "colo". A não conscientização dessa passagem de um senso comum para o outro é algo grave, e a atuação do educador é fundamental para revertê-la.

6. A questão das drogas: há uma postura do senso comum que prega a aceitação do consumo de drogas como algo inevitável, tanto em relação às chamadas mais leves, como o álcool e o cigarro, quanto às mais pesadas, a começar pela maconha; acrescentem-se aí sucedâneos de drogas, como comer incontroladamente, ligar a televisão para ver qualquer coisa, deixar o volume do som muito alto, consumir de forma desenfreada, entre outras posturas nessa linha, que visam à solução das crises de ansiedade. A face oposta existente no senso comum é a luta contra as drogas, hoje seriamente empenhada no antitabagismo, dado que cada vez mais aumenta o número de ambientes para não fumantes. Creio que associações como a dos Alcoólicos Anônimos precisam ser mais bem conhecidas pelos educadores para que sua pedagogia seja divulgada. Seguramente, esse momento de transformação se faz presente em todo o mundo, e, por sua relevância, deve ser amplamente trabalhado pelos educadores. Deve-se tentar ampliar a visão a respeito das causas do uso de drogas, dando particular atenção à ansiedade e às formas de lidar com essa situação. Além disso, é preciso destacar o papel das drogas, antes referidas, ainda não percebidas como tais.

7. A questão do lazer: aqui há, de um lado, uma visão do senso comum indicando que o lazer deve ser "uma grande organização de massa", seja uma competição esportiva, como o futebol, sejam

programas televisivos largamente anunciados pela mídia, como as novelas, sejam amplas excursões ou atividades programadas de caráter mais cultural. De outro lado, começa a surgir a percepção de que esse "lazer de massa" frequentemente não conduz ao repouso nem permite o reencontro com a "alegria de viver"; a redescoberta do prazer de andar em silêncio ao ar livre, de ouvir música clássica, a descoberta da arte, a conversa com amigos longe da TV, enfim, a necessidade de solitude (distinta da solidão) começa a ficar mais evidente como a contrapartida do "lazer de massa". Creio que não seja preciso salientar a importância de que o educador enfatize esse momento de transformação, aprofundando a perspectiva do autoconhecimento e da autoestima, decorrentes dessa solitude apontada. Evidentemente que, nesse caso, o senso comum está mais voltado para o primeiro dos polos referidos, mas nem por isso deverá o educador deixar de indicar a transformação delineada.

8. A questão dos meios de comunicação: nesse caso, prevalece no senso comum a visão dos meios de comunicação – especialmente o televisivo – como entretenimento. Há uma passividade notável na maior parte da população, que engole, sem críticas significativas, aquilo que lhe é oferecido pelos diversos veículos de comunicação; pode-se dizer até mesmo que há certo encantamento com a tecnologia, que é desenvolvida para atingir a população. O movimento oposto é o que insiste no desenvolvimento do senso crítico diante dos diversos meios de comunicação, enfatizando particularmente o caráter informativo prioritário de qualquer dos veículos. Parece evidente que, para o educador, faz-se necessário desenvolver o processo de decodificação dos sinais televisivos – os quais atingem de fato a população –, para que uma leitura correta possa ser feita por todos. Cabe a ele desenvolver um trabalho acerca da transformação potencial daí decorrente, mostrando que não se trata de lançar anátemas sobre quaisquer programas, mas sim trazê-los para que sejam avaliados em sala de aula.

9. A questão da educação propriamente dita: há aqui uma visão do senso comum fortemente arraigada, que procura associar a educação a aspectos prioritariamente informativos, ligando-a, portanto, à alta tecnologia, que acaba conduzindo o educando aos conhecidos caminhos dos vestibulares e, posteriormente, à obtenção do diploma. É evidente que a educação é muito mais do que isso; o elemento que se impõe de forma nitidamente antagônica diz respeito à prioridade do desenvolvimento do senso crítico, uma característica das várias linhas pedagógicas (adotadas nas últimas décadas) que procuram enfrentar aquilo que ficou conhecido como "educação bancária". Para isso, o trabalho do educador precisa ser extraordinariamente lúcido, com a análise do momento de transformação à luz do novo paradigma das ciências, deslocando, no caso das humanas, o foco – antes positivista.

10. A questão do trabalho, da produção: aqui, temos uma ideia do senso comum ainda vigente segundo a qual o trabalho é visto quase como um sacrifício para o sustento pessoal e, eventualmente, da família. De acordo com essa visão, o que mais importa é um bom salário, e, nesse sentido, são dirigidos todos os esforços da sociedade, até mesmo a obtenção do diploma... A contrapartida desenvolvida nesse caso é da maior importância no que diz respeito ao desenvolvimento da criatividade: é o trabalho como momento prazeroso da vida, em que as habilidades pessoais recriam baseadas naquilo que lhes é dado; é o homem a deixar sua marca ou seu traço naquilo que é desenvolvido – na mais humilde das tarefas pode ser identificado seu autor pela forma como é conduzida. Claro que esse momento de transformação é também de grande relevância para o educador, pois deverá fazer parte de um trabalho para uma percepção mais profunda da própria educação como processo, e não como um conjunto de metas a serem atingidas de qualquer forma (como em geral ocorre com a obtenção do diploma). Acrescente-se aqui a relevância do trabalho da criança que produz seu brinquedo em vez de recebê-lo pronto.

11. A questão do uso da propriedade: nesse particular, o senso comum privilegia a ideia da propriedade capitalista. Um sentido de posse absoluta daquilo que é meu. Sua faceta oposta, o sentido social da propriedade, ainda tem níveis baixos de conscientização. Claro que o panorama mundial oferece subsídios para que o educador mostre como, na história dos povos, vem se desenvolvendo a questão da propriedade. O momento de transformação daqui decorrente é significativo, pois atribuirá forte implicação política à formação do educando.

12. A questão religiosa: aqui, o potencial transformador é fascinante. Na verdade, há no senso comum uma tendência fortemente dirigida à prevalência das religiões, ou ainda ao ateísmo, mesmo que inconsciente. São duas posturas que deixam patente um processo de fragmentação do ser humano diante de uma questão relevante, qual seja, a certeza de uma identidade espiritual para o homem. Nesse sentido, vem se desenvolvendo outra ideia do senso comum, como contrapartida da anterior, que é a certeza da existência de uma espiritualidade que começa a ser apontada pelos caminhos das ciências – seja a física contemporânea, seja a psicologia, seja a medicina –, ou mesmo pelos caminhos naturais de práticas alternativas espiritualistas não ligadas às religiões. Essa questão é de grande importância para o educador, porque envolve aspecto relativo à própria identidade do aluno, ou seja, seu autoconhecimento em níveis profundos. Atestar a existência de uma espiritualidade independente do vínculo com qualquer religião parece ser tarefa indispensável para os educadores ao abordarem o momento de transformação aqui apontado.

13. A questão da segurança e dos medos: há aqui uma tendência do senso comum que leva à convivência com "medos irracionais", ficando-se, assim, na dependência das "sortes" e "azares" e das mais diferentes práticas. Acresça-se aqui a insegurança gerada pela violência dos dias que correm. A contraparte emergente é uma visão mais madura do homem, transcendendo os medos

infantis e as "bruxas", e também uma visão associada à força da paz e à chamada não violência (numa linha originada por Gandhi), expressa nos movimentos pacifistas, por exemplo. Para trabalhar as transformações daqui decorrentes, o educador deverá abordar medos e ansiedades menos evidentes, mas que ocupam lugar nos bloqueios de tantos educandos em seu desenvolvimento, como o medo de amar, o medo da morte, o medo de vencer na vida (a problemática da competição). Creio que o enfrentamento dessa temática pelo educador não exclua o psicólogo em casos mais graves; mas se assim não o fizer o educador, ficaremos diante de uma paralisia que é evidente em diversas situações envolvendo alunos apáticos e tímidos, sem que se diagnostiquem as causas. Claro que nem todas as situações apontadas têm sua origem naqueles medos primevos aqui referidos, mas a oportunidade de enfrentar essas transformações permite uma significativa abertura.

14. A questão política: nessa matéria, o senso comum nos conduz a uma primeira tendência, ao menos entre nós, referente ao que poderíamos chamar de "democratismo", no sentido de que votando tudo se resolve. O voto seria um passaporte para a verdade, e a participação política do cidadão se daria no cumprimento do dever de votar. O aspecto contrário que se apresenta é o da necessidade da organização das pessoas para que se consiga assegurar um processo realmente democrático. No Brasil, de forma particular, a organização do Partido dos Trabalhadores deixou patente a efetivação desse polo. A questão da organização não diz respeito apenas a partidos políticos, mas também a associações profissionais, sendo que ela se funda no potencial de transformação no que se refere à ideia de autodeterminação, com todas as suas consequências. Tratar-se-á, portanto, de desenvolver os conceitos de "homem massa", conduzido pelo sistema, e de "homem consciente de sua participação na sociedade", funcionando como agente da história.

15. A questão cultural: trata-se de outro momento vital a ser tratado pelo educador. Na verdade, há no senso comum a tendência de sempre acreditar na maior relevância daquilo que vem do exterior, especialmente em países do Terceiro Mundo, como no nosso caso. O aspecto que se contrapõe diz respeito ao trabalho com a cultura popular, com o folclore e sua revalorização, mas não no sentido de um nacionalismo estreito, e sim no de fazer o educador perceber sua identidade cultural, até mesmo para a valorização das trocas internacionais, em todos os níveis.

16. A questão da justiça: nesse item, o momento de transformação corresponde à superação do legal pelo justo. Não basta que haja uma norma para que se assegure a justiça; a percepção do justo tem raízes mais profundas. É fundamental, na área da educação, que a questão das avaliações seja revista à luz dessa transformação. No senso comum, a ideia vinculada à legalidade ainda é muito poderosa, o que reforça a relevância de se trabalhar a transformação descrita.

17. A questão da igualdade: aqui, trata-se do fim das discriminações. Ainda há *apartheids* residuais no mundo, sendo necessário que o educador trabalhe a outra faceta, conducente a uma sociedade sem barreiras raciais, religiosas, sexuais ou econômicas. Existe, no senso comum, uma forte tendência discriminatória, a qual deve ser explicitada e contraposta à ideia de uma sociedade mais igual.

APÊNDICE 2
O TRABALHO E EU

Desde criança minha relação com o trabalho vem sendo problemática. Naquela época não compreendia por que meu pai optava por trocar a possibilidade de ficar em casa comigo e com minha mãe por oito a dez horas por dia fora de casa. A consequência desse afastamento se faz presente até hoje, ou seja, um grande distanciamento entre mim e meu pai.

A primeira explicação (dada provavelmente por minha mãe) que fui capaz de entender foi a de que meu pai trabalhava para "ganhar" dinheiro, para podermos viver melhor. Entendi mas não compreendi. Não compreendia a relação entre a vida e o dinheiro, já que me diziam que a vida era sagrada e o dinheiro, uma praga inventada pelo homem.

Ao atingir a adolescência, voltei a questionar o trabalho, em termos da forma com que ele se apresentava. A explicação que me foi dada quando criança já não satisfazia a minha ansiedade (questionamento). Agora não compreendia o fato de as pessoas, em nome de uma vida melhor, trabalharem, trabalharem e não serem felizes. Nitidamente não eram felizes. Meu pai, seus amigos, meus tios, enfim, todos tinham um aspecto que transmitia uma mistura de tristeza, angústia e conformidade.

Apresentaram-me uma nova explicação: as pessoas têm de sacrificar-se e viver de acordo com a vontade de Deus. Porém, como Deus poderia querer que as pessoas vivessem infelizes? Ou Deus não era tão bom como me falavam, ou as pessoas se autoenganavam, não tomando, assim, consciência de sua realidade.

Quanto às pessoas se autoenganarem, já concluí que isso realmente ocorre; quanto a Deus, não sei ainda o que dizer.

Quando completei 14 anos, alegando que eu já estava em idade de trabalhar e que a família necessitava de mais dinheiro, impuseram-me o "trabalho". Na realidade, eu não estava preparado para aquela mudança repentina na minha vida, nem ao menos fui questionado sobre minha opinião. Aliás, sobre esta diziam que não poderia ser considerada, pois ainda era uma criança, só que em relação ao trabalho eu já era considerado adulto. Essa incoerência só fez aumentar a minha incompreensão quanto à vida que as pessoas levavam.

Enquanto eu começava a trabalhar, meu pai era literalmente jogado para fora de seu emprego, depois de vinte anos de "sacrifício", trabalhando inclusive em seções insalubres, que afetaram seriamente sua saúde. Assim, a empresa fez o que todas fazem: achando que meu pai não mais poderia ser útil, simplesmente o demitiu. A máscara caía e o sistema mostrava a sua verdadeira cara. Na verdade, só compreendi isso muito tempo depois, quando algo parecido aconteceu comigo.

No meu trabalho sempre atuei nas áreas burocráticas da empresa, sempre me sentindo um nada. Percebi que estava no mesmo caminho da maioria das pessoas. Trabalhava mas não me sentia realizado, "ganhava dinheiro, mas não era feliz". Na realidade, sentia-me como um escravo. Segundo a definição de escravidão, o escravo serve a outrem sem retribuição além do sustento. Ora, isso é o que acontece no atual sistema. As pessoas trabalham e não recebem nem o suficiente para o seu sustento, muito menos para o seu lazer ou o seu desenvolvimento cultural (estudos). É claro que esse modelo de escravidão está camuflado no fato de a pessoa ter a liberdade de trocar o seu trabalho por outro no momento que quiser. Mas essa mudança é ilusória, pois a pessoa continua subjugada ao sistema.

Mesmo questionando o sistema durante muito tempo, não tive coragem de enfrentá-lo. Nas várias chances em que poderia fazê-lo, eu me amedrontava e acovardava. Um dia consegui encará-lo. Depois de dez anos de trabalho, o bom funcionário, na opinião da chefia (bom é aquele que não questiona e não reivindica), entrou em greve, juntamente com os colegas, e assim permaneceu por oito dias.

Aquele vazio interior que eu sentia foi preenchido por um sentimento de realização indescritível. Pela primeira vez lutava por algo em que eu acreditava.

Depois da greve fomos humilhados, pisados e finalmente demitidos, mas isso não me entristeceu, apenas fortaleceu a certeza de ter feito o que era correto. Além disso, pude compreender o que havia se passado com meu pai (quinze anos antes). O sistema vigente considera as pessoas úteis enquanto elas agem como autômatos, isto é, enquanto não apresentam defeitos e enquanto não questionam sua situação; do contrário, elas são colocadas de lado.

Com esse pensamento, decidi encarar o trabalho da maneira como julgo que ele deva ser, isto é, uma forma de realizar algo que me faça sentir bem e realizado como pessoa.

Num primeiro momento, não fui bem-sucedido; devido a problemas econômicos e inexperiência, não pude dar seguimento ao empreendimento ao qual me propus. Mas, mesmo assim, essa experiência mostrou-me algo muito importante: trabalhar em contato com as pessoas deixou-me especialmente satisfeito, e isso é algo a ser considerado em minhas futuras experiências.

Sinto que estou no caminho certo, mas também sinto que existem bloqueios (internos e externos) a serem superados. Sei também que tudo dependerá da minha vontade e da minha persistência, e no momento as duas são muito grandes.

A.J.P – física – PUC/SP – 1991

APÊNDICE 3

Aqui são apresentados textos diversos – três de autoria de terceiros –, por mim utilizados durante os cursos que ministro.

No ano de 1854, o então presidente dos Estados Unidos, Franklin Pierce, fez a uma tribo indígena uma proposta para a compra de grande parte de suas terras, oferecendo, em contrapartida, a concessão de outra "reserva". O texto da resposta do chefe Seattle, distribuído pelo Programa para o Meio Ambiente da Organização das Nações Unidas (ONU) e aqui publicado na íntegra, tem sido considerado, através dos tempos, como um dos mais belos e profundos pronunciamentos já feitos a respeito da defesa do meio ambiente.

O que ocorrer com a terra recairá sobre os filhos da terra – há uma ligação em tudo
(Tradução: Irina O. Bunning)

Como é que se pode comprar ou vender o céu, o calor da terra?
Essa ideia nos parece estranha.
Se não possuímos o frescor do ar e o brilho da água, como é possível comprá-los?
Cada pedaço desta terra é sagrado para meu povo. Cada ramo brilhante de um pinheiro, cada punhado de areia das praias, a penumbra na floresta densa, cada clareira e inseto a zumbir são sagrados na memória e

experiência de meu povo. A seiva que percorre o corpo das árvores carrega consigo as lembranças do homem vermelho.

Os mortos do homem branco esquecem sua terra de origem quando vão caminhar entre as estrelas. Nossos mortos jamais esquecem esta bela terra, pois ela é a mãe do homem vermelho. Somos parte da terra e ela faz parte de nós. As flores perfumadas são nossas irmãs; o cervo, o cavalo, a grande águia são nossos irmãos. Os picos rochosos, os sulcos úmidos nas campinas, o calor do corpo do potro e o homem – todos pertencem à mesma família.

Portanto, quando o Grande Chefe em Washington manda dizer que deseja comprar nossa terra, pede muito de nós. O Grande Chefe diz que nos reservará um lugar onde possamos viver satisfeitos. Ele será nosso pai e nós seremos seus filhos. Portanto, nós vamos considerar sua oferta de comprar nossa terra. Mas isso não será fácil. Esta terra é sagrada para nós.

Essa água brilhante que escorre nos riachos e rios não é apenas água, mas o sangue de nossos antepassados. Se lhes vendermos a terra, vocês devem lembrar-se de que ela é sagrada, e devem ensinar às suas crianças que ela é sagrada e que cada reflexo nas águas límpidas dos lagos fala de acontecimentos e lembranças da vida do meu povo. O murmúrio das águas é a voz de meus ancestrais.

Os rios são nossos irmãos, saciam nossa sede. Os rios carregam nossas canoas e alimentam nossas crianças. Se lhes vendermos nossa terra, vocês devem lembrar e ensinar a seus filhos que os rios são nossos irmãos, e seus também. E, portanto, vocês devem dar aos rios a bondade que dedicariam a qualquer irmão.

Sabemos que o homem branco não compreende nossos costumes. Uma porção de terra, para ele, tem o mesmo significado que qualquer outra, pois é um forasteiro que vem à noite e extrai da terra aquilo de que necessita. A terra não é sua irmã, mas sua inimiga, e quando ele a conquista, prossegue seu caminho. Deixa para trás os túmulos de seus antepassados e não se incomoda. Rapta da terra aquilo que seria de seus filhos e não se importa. A sepultura de seu pai e os direitos de seus filhos são esquecidos. Trata sua mãe, a terra, e seu irmão, o céu, como coisas que podem ser compradas, saqueadas, vendidas, como carneiros ou enfeites coloridos. Seu apetite devorará a terra, deixando somente um deserto.

Eu não sei, nossos costumes são diferentes dos seus. A visão de suas cidades fere os olhos do homem vermelho. Talvez seja porque o homem vermelho é um selvagem e não compreende.

Não há um lugar quieto nas cidades do homem branco. Nenhum lugar onde se possa ouvir o desabrochar de folhas na primavera ou o bater das asas de um inseto. Mas talvez seja porque eu sou um selvagem e não compreendo. O ruído parece somente insultar os ouvidos. E o que resta da vida se um homem não pode ouvir o choro solitário de uma ave ou o debate dos sapos ao redor de uma lagoa, à noite?

Eu sou um homem vermelho e não compreendo. O índio prefere o suave murmúrio do vento encrespando a face do lago, e o próprio vento, limpo por uma chuva diurna ou perfumado pelos pinheiros.

O ar é precioso para o homem vermelho, pois todas as coisas compartilham o mesmo sopro – o animal, a árvore, o homem, todos compartilham o mesmo sopro. Parece que o homem branco não sente o ar que respira. Como um homem agonizante há vários dias, é insensível ao mau cheiro. Mas se vendermos nossa terra ao homem branco, ele deve lembrar que o ar é precioso para nós, que o ar compartilha seu espírito com toda a vida que mantém. O vento que deu a nosso avô seu primeiro inspirar também recebe seu último suspiro. Se lhes vendermos nossa terra, vocês devem mantê-la intacta e sagrada, como um lugar onde até mesmo o homem branco possa ir saborear o vento açucarado pelas flores dos prados.

Portanto, vamos meditar sobre sua oferta de comprar nossa terra. Se decidirmos aceitar, imporei uma condição: o homem branco deve tratar os animais desta terra como seus irmãos.

Sou um selvagem e não compreendo nenhuma outra forma de agir. Vi um milhar de búfalos apodrecendo na planície, abandonados pelo homem branco que os alvejou de um trem ao passar. Eu sou um selvagem e não compreendo como é que o fumegante cavalo de ferro pode ser mais importante que o búfalo, que sacrificamos somente para permanecer vivos.

O que é o homem sem os animais? Se todos os animais se fossem, o homem morreria de uma grande solidão de espírito. Pois o que ocorre com os animais breve acontece com o homem. Há uma ligação em tudo.

Vocês devem ensinar às suas crianças que o solo a seus pés é a cinza de nossos avós. Para que respeitem a terra, digam a seus filhos que ela foi enriquecida com as vidas de nosso povo. Ensinem às suas crianças o que ensinamos às nossas, que a terra é nossa mãe. Tudo que acontecer à terra, acontecerá aos filhos da terra. Se os homens cospem no solo, estão cuspindo em si mesmos.

Isto sabemos: a terra não pertence ao homem; o homem pertence à terra. Isto sabemos: todas as coisas estão ligadas como o sangue que une uma família. Há uma ligação em tudo.

O que ocorrer com a terra recairá sobre os filhos da terra. O homem não tramou o tecido da vida; ele é simplesmente um de seus fios. Tudo que fizer ao tecido, fará a si mesmo.

Mesmo o homem branco, cujo Deus caminha e fala com ele de amigo para amigo, não pode estar isento do destino comum. É possível que sejamos irmãos, apesar de tudo. Veremos. De uma coisa estamos certos – e o homem branco poderá vir a descobrir um dia: nosso Deus é o mesmo Deus. Vocês podem pensar que O possuem, como desejam possuir nossa terra; mas não é possível. Ele é o Deus do homem, e Sua compaixão é igual para o homem vermelho e para o homem branco. A terra lhe é preciosa, e feri-la é desprezar seu criador. Os brancos também passarão; talvez mais cedo que todas as outras tribos. Contaminem suas carnes, e uma noite serão sufocados pelos próprios dejetos.

Mas quando de sua desaparição, vocês brilharão intensamente, iluminados pela força do Deus que os trouxe a esta terra e por alguma razão especial lhes deu o domínio sobre a terra e sobre o homem vermelho. Esse destino é um mistério para nós, pois não compreendemos que todos os búfalos sejam exterminados, os cavalos bravios sejam todos domados, os recantos secretos da floresta densa impregnados do cheiro de muitos homens e a visão dos morros obstruída por fios que falam. Onde está o arvoredo? Desapareceu. Onde está a águia? Desapareceu. É o final da vida e o início da sobrevivência.

O esperar
(Nikos Kazantzakis, *Zorba, o Grego*, São Paulo: Abril, 1974, p. 155-6)

Lembrei-me de uma manhã em que encontrei um casulo preso à casca de uma árvore, no momento em que a borboleta rompia o invólucro e se preparava para sair. Esperei algum tempo, mas estava com pressa e ela demorava muito. Enervado, debrucei-me e comecei a esquentá-lo com meu sopro. Eu o esquentava, impaciente, e o milagre começou a desfiar diante de mim em ritmo mais rápido que o natural. Abriu-se o invólucro e a borboleta saiu, arrastando-se. Não esquecerei jamais o horror que tive então: suas asas ainda não se haviam formado, e com todo o seu pequeno corpo trêmulo ela se esforçava para desdobrá-las. Debruçado sobre ela, eu ajudava com meu sopro. Em vão. Um paciente amadurecimento era necessário, e o crescimento das asas se devia fazer lentamente ao sol; agora era muito tarde. Meu sopro havia obrigado a borboleta a se mostrar, toda enrugada, antes do tempo. Ela se agitou, desesperada, e alguns segundos depois morreu na palma de minha mão.
Creio que esse pequeno cadáver é o maior peso que tenho na consciência. Pois, compreendo atualmente, é um pecado mortal violar as leis da natureza. Não devemos apressar-nos, nem impacientar-nos, mas seguir com confiança o ritmo eterno.

Instantes
(Com base em texto de Don Herold)

Se eu pudesse viver novamente a minha vida,
na próxima trataria de cometer mais erros.
Não tentaria ser tão perfeito, relaxaria mais.
Seria mais tolo ainda do que tenho sido;
na verdade, bem poucas coisas levaria a sério.
Seria menos higiênico.
Correria mais riscos, viajaria mais,
contemplaria mais entardeceres, subiria mais montanhas,
nadaria em mais rios.

Iria a mais lugares onde nunca fui,
tomaria mais sorvete e comeria menos feijão,
teria mais problemas reais e menos problemas imaginários.
Eu fui uma dessas pessoas que viveram
sensata e produtivamente cada minuto da sua vida;
claro que tive momentos de alegria.
Mas, se pudesse voltar a viver, trataria de ter
somente bons momentos.
Porque, se não sabem, disso é feita a vida,
só de momentos.
Não percam o agora.
Eu era um desses que nunca vão a parte alguma
sem um termômetro, uma bolsa de água quente,
um guarda-chuva e um paraquedas;
se voltasse a viver, carregaria menos coisas.
Se eu pudesse voltar a viver,
começaria a andar descalço no começo da primavera
e continuaria assim até o fim do outono.
Daria mais voltas na minha rua,
contemplaria mais amanheceres
e brincaria com mais crianças,
se tivesse outra vez uma vida pela frente. [...]

Do amor maduro

Depois da Espera surge a promessa da Vida Nova,
Uma criança que vem,
Mistério de Luz e Dor,
Esperança do Amanhã.
Cresce buscando o colo,
Pendurando-se no pescoço do "meu" pai
E da "minha" mãe,
Cercada dos "meus" brinquedos...
Na adolescência, os "meus" já deveriam ir se transformando

Nos nossos...
A Partilha e a Comunhão já deveriam
Despontar...
Assim nem sempre é,
Porque a humanidade, largamente,
Não cresceu no Amor,
Não vive o Amor Imaturo...
Segue um círculo vicioso,
De dores, angústias e ciúmes,
Decorrentes da possessividade,
Filha dileta do Amor Imaturo...
Chegamos a este momento com a percepção desse quadro.
Ampliamos nossa consciência e
Sabemos da raiz de parte do sofrimento,
Das divisões...
Assim, educar hoje é buscar a transformação
Daquele Amor Imaturo,
Definindo-a dentro de si mesmo,
Para, com olhar compassivo, encontrar-se com seu discípulo.

Da alegria

A alegria surge do encontro
Entre o passado e o sonho de amanhã.
Surge do mergulho no Presente,
Da descoberta da "eternidade do agora".
A alegria é a percepção do sentido lúdico da Vida,
Da dança permanente das transformações,
É ainda saber-se Vivo,
Participante de uma "dança" de movimentos sempre novos.
Alegria finalmente é descobrir o Amor,
Apaixonar-se primeiramente por si mesmo,
Depois pela Vida,
Para, então, dirigir-se à magia do Outro...

Agora

Despertar no presente é estar Vivo,
É sair das culpas e angústias de ontem,
Ou dos sonhos e ansiedades de amanhã:
É descobrir o Agora.
Descobrir o Agora é também "descobrir-se",
Saber "quem sou",
"De onde vim",
"Para onde vou".
Perceber a profundidade do momento presente
É deixar que os "mortos enterrem seus mortos",
É desvelar a fonte única da alegria do "mais dentro",
É mergulhar no sentido lúdico da Vida.
Assim, conhecer-se profundamente
É saber-se um com a Vida,
É vislumbrar a realidade do Amor
E mergulhar na eternidade do Agora.